U0045225

天下文化

BELIEVE IN READING

社會人文 BGB517

希望習近平看到此書

化解兩岸困局

黃年 著

目錄 *Contents*

第二部／武統與九二共識

第三部／民進黨與台灣

第四部／川普與美中台

第五部／大屋頂中國與互統一

出版者的話

兩岸和平的關鍵思索

——期待黃年倡議「兩岸競合學」

高希均

（一）留下紀錄，面對檢驗

以傳播進步觀念為己任的「天下文化」，自一九八二年以來，先後出版了實際參與改變國家命運與台灣發展重要人士的相關著作（請參見文末附錄）。這些人士都是廣義的英雄與實踐者，他們或有輝煌的志業、或有受人尊敬的功績、或有錯失良機的決策失落。在他們發表的文集、傳記、回憶錄中，這些黨國元老、軍事將領、政治人物、企業家、專家學者，以歷史的見證，細述他們的經歷軌跡與成敗得失。

就他們所撰述的，我們尊重；如果因此引起的爭論，我們同樣尊重。我們的態度是：以專業水準出版他們的著述，不以一己的價值評論對錯。

在翻騰的歷史長河中，蓋棺也已無法論定，誰也難以掌握最後的真理。我們所希望的是，每一位人物寫下他們的經歷、觀察，甚至後見之明。他們的貢獻，是為歷史留下紀錄；他們的挑戰，是為未來接受檢驗。

（二）「一家之言」的影響力

一九七八年十一月《聯合報》刊出〈一個災禍的中國，必無苟免的台灣〉文章後，啟動了作者黃年的名字與兩岸論述的連結，四十餘年來，自己不論身在何處，就成為了他長期的忠實讀者。

從一九四九以來，兩岸的領導人歷經三個世代更替，黃年評述兩岸情勢的嬗變與和平追求的解方，一直受到海峽兩岸官方與民間的重視。在現今名嘴與網軍出沒的年代，黃年的文章始終正義凜然，鏗鏘有力。他不必上電視與網路節目嘶聲吶喊，常以一針見血的評論，可能刺痛各方，也可能啟迪各方，出現了「一家之言」的影響力。在混沌矛盾、剪不斷理還亂的兩岸論述中，他樹立了「專欄評論家」的地位。

在《希望習近平看到此書：化解兩岸困局》的二萬言自序中，黃年站在「人性的本質與文明的方向」的高度，希望為兩岸困局尋找解方。

黃年說：自由是人性的本質，民主是文明的方向。

黃年認為，台灣不應「去中國化」、「去中華民國化」，中共也不要返回「馬列主義基本原理」。他主張，兩岸現今在「大屋頂中國」下，維持「現在進行式的一個中國」；未來若要進一步統一，可以是「共同締造論」的「互統一」。

（三）黃年應倡議「兩岸學」

他的「互統一」，以「中華民國」為兩岸最大公約數，這其實正是鄧小平所說的「統一不是誰吃掉誰」的真義所在。

讀黃年的文章，其推理櫛次鱗比，其論點深謀遠慮。這使我想要對曾任《聯合報》總編輯與總主筆的黃年兄，提出一個重要建議，就在此一關鍵時刻倡議一門新的單獨學科，可以稱之為「兩岸和平學」（或「兩岸競合學」），並在此呼籲各大學及相關系所，可針對此重大題目設立新課程。想起一九五九年去美讀研究所時，剛好趕上新設立的「經濟發展學」，從此變成了我一生的專業。

此書討論兩岸發展歷史演變及競合的關鍵。黃年對習近平說的「心靈契合」相當推重並認真看待。黃年對藍綠紅三方的主要建議是：「定錨中華民國」。

兩岸分隔逾七十年，此時此刻出版黃年的《希望習近平看到此書》，使人覺得兩岸尋求和平並未絕望。我們做為出版者，希望讓海內外的中文讀者，都有機會看到這本重要的書。

黃年如把四十餘年發表過的數百萬字論述，整理改編成一本人人可讀的《兩岸競合學》普及版，將是莫大的貢獻。黃年兄的體系其實頗有學術化的潛能，可將歷年來所原創的各種名詞概念及理論架構，從最早「筷子理論」（一九九〇）、「上位概念的一個中國」（一九九三）、「統一公投」（一九九八）、「杯子理論」、「連結論」、「渡河論」、「目的論」、「過程論」、「新新三句」、「王統一／霸統一」，到集大成的「大屋頂中國理論」（二〇一〇），加以系統化的整理，即可呈現其學術性及實用性。

因此，我特請黃年兄為本書製作〈精心梳理／大屋頂中國思維架構〉的論述程序表，條理井然，略可窺其堂奧。

分享自己的「兩岸經驗」。我在抗日戰爭的前一年生於南京，一九四九年隨家人來台，一九五九年去美國讀書教書逾四十年。近二十年常往來台灣與大陸。六十年來，看到美國的繁榮、傲慢、霸道與衰落；看到台灣走過令人稱讚的經濟起飛，此刻正在掙脫「中等所得國家的陷阱」；也看到中國大陸經過七十年的自力奮鬥，終於難以置信地擺脫了貧窮與落後，躍升到全球第二大經濟體。

對岸的領導人說中國「站起來了，富起來了，強起來了！」殘酷的現實卻是：百年來中國窮困時受列強欺侮，此刻中國不再窮困時，又受到美國為首所結盟的反中抗中。

中國曾有逾百年的艱難，歷經兩岸各自的努力，應當贏得共同的榮耀未來。這或許就是黃年兄說的：「為世界文明建立典範，為中華民族創造救贖」。

常聽過「打仗太重要，不能只由將軍決定」，當前兩岸情勢在美國強勢主導下，台海情勢十分緊張，不能夠只留給幾個只顧自己「國家利益」或選票考量的政治人物決定。

黃年應當倡議一門普及版的「兩岸和平學」，激發兩岸有心人熱情參與「兩岸和平」更深入及廣泛的探索，促使兩岸未來更趨近「人性的本質，文明的方向」。

這不只是黃年兄的理想，也必是兩岸所有志士仁人的憧憬。

（本文作者為遠見天下文化事業群創辦人）

附錄：天下文化近年來出版台灣政情、民意及兩岸關係的相關著作

核心人物／作者	書名	作者	出版年份
朱立倫	做，就要做好・朱立倫	朱立倫／著；刁明芳、瞿欣怡／採訪整理	二〇一〇
徐立德	情義在我心：徐立德八十回顧	徐立德／著	二〇一〇
黃年	大屋頂下的中國：兩岸大架構	黃年／著	二〇一三
蘇起	兩岸波濤二十年紀實	蘇起／著	二〇一四
劉兆玄	迎戰風暴：劉兆玄內閣的關鍵478天	楊艾俐／著	二〇一五
高希均	開放台灣	高希均／著	二〇一五
鄭文燦	鄭文燦模式：超越對立・翻轉桃園	鄭文燦／著；張瓊方／採訪整理	二〇一八
黃健庭	台東不一樣：黃健庭翻轉台東的故事	黃健庭／著	二〇一八

馬英九	八年執政回憶錄	馬英九／口述；蕭旭岑／著	二〇一八
賴清德	用行動帶來希望：賴清德的決策風格	郭瓊俐／著	二〇一九
張善政	做事的人：張善政的斜槓探索人生	張善政／著；吳錦勳／採訪整理	二〇一九
蔡其昌	後背包的初心：蔡其昌的人生解題法	蔡其昌／著；林靜宜／採訪整理	二〇一九
趙春山	兩岸逆境：解讀李登輝、陳水扁、馬英九、蔡英文的對治策略	趙春山／著	二〇一九
郝柏村	郝柏村回憶錄	郝柏村／著	二〇一九
馬紹章	大崩潰：一次看懂美中台戰略三角	馬紹章／著	二〇二〇
侯友宜	紅背心的征途：承擔、視野、勇氣	張子弘／採訪整理	二〇二一
卜睿哲	艱難的抉擇：台灣對安全與美好生活的追求	卜睿哲著；周佳欣、劉維人、廖珮杏、盧靜／譯	二〇二一
吳敦義	堅毅之路：吳敦義	吳敦義／口述；楊艾俐／採訪撰文	二〇二一

推薦序

兩種「民國滅亡論」的弔詭與困局

張登及

為黃年發行人《希望習近平看到此書》（以下簡稱《此書》）做序，既是很高的榮譽，也是非常艱困的委託。尤其《此書》所涉及的兩岸關係與世局大環境，從來已是經緯萬端，現在更是幾乎到了波濤洶湧、圖窮匕見的時候。任何人還要以諍言力挽狂瀾，似乎是不可能的任務？

《此書》雖以中共現任的領導人習近平為標題，但內容卻絕不限於習時代的風格、政策與事蹟。熟悉《此書》作者眾多社論與著作的朋友必然早已瞭解其精彩的閱歷、淵博的見識，與心繫國是的熱情。正在翻閱的讀者則立即可以從《此書》目錄體會，其實作者是從近代史、兩岸關係、中美台博弈、國際格局與人文社會思潮等眾多角度，同時和兩岸執政者、思想者與媒體讀者進行深入對話；其時間軸上拉至孫中山、馬克思甚至更遠的十九世紀，空間軸上則俯瞰人類文明的遠景。這樣深邃的視野，這樣宏大的場面，原本沒有象牙塔中的學徒插話的餘地。

然而前人有云：「卻之不恭，受之有愧。」筆者近年有幸經常親自聆聽與拜聞作者即時的睿見。尤其是四年多前蒙贈《從梵谷的耳朵談兩岸關係》一書，除了驚豔於「屋頂、筷子、杯子與水」生動的兩岸比喻，對「白色恐怖的梵谷面容」一說更是印象至深，遂甘冒勢必有愧的風險，以祛除不恭之罪。遂作一小文恭賀《此書》，並提出少許心得體會，希望有助讀者看到並分享《此書》的希望。

兩岸大架構

「兩岸大架構」與「中共何處去」是筆者歸結《此書》的兩大支柱，而且它們彼此緊扣。因為無論從歷史趨勢、現行憲法的法理還是從國際現實發展，的確如作者所說，「台灣問題是在『中國問題』之內，必須在中國問題內尋找解方。」以作者「筷子理論」來說，一雙筷子的任何一方都有主體性，但缺少另一方的配合就不能運作。不管雙方關係是什麼，關鍵是一種穩定可持續的連結。作者的理想是希望雙方在一個

「大屋頂」架構下，承認並容許彼此「正在」相互建構（一中過程論、互統一）。

乍看之下，妨礙筷子兩個主體在過程中共存的，是北京法理上堅持的「中華民國已經滅亡論」。作者也批評中共的民國滅亡論與過去其領導人曾提出的「各自現行規定」說相矛盾。但有趣的是，作者也指明台灣的民進黨也是某種意義上「民國滅亡論」（表現為流亡論、未定論、「固然」論），兩種滅亡論且有相互加強的效果，結局很可能是「杯破水覆」（杯子論：民國為杯，台灣為水）。

筆者淺見，筷子失能的確並非自始如此。「各自現行規定」說確實曾是這雙筷子能求同存異的關節。「各自現行規定」意指兩岸各自的憲法，該說見於即將卸任的中共總書記胡錦濤二〇一二年三月會見國民黨榮譽主席吳伯雄，與當年七月全國政協主席、政治局常委賈慶林的兩個談話。「現行規定」一語又呼應當時北京常用的另一概念：「一中框架」。馬總統主政時，台北當時的態度是「框架」的「框」有風險，憲法的一中「架構」才較為妥當。但是二〇一四年以後，這些概念在台灣社會愈來愈被認為是有害的「中國因素」。大陸也愈來愈自信地認為，主動權逐漸是、只能是掌握在北京一邊。這個過程最明顯的表現是，胡錦濤時期中共把「寄希望於台灣人民」寫進十七大（二〇〇七）中共的工作報告，十八大（二〇一二）還進一步聲稱堅持九二共識與一中框架的共同認知，「雙方探討政治關係，做出合情合理安排。」馬習會以後「寄希望」、「合情合理」這類說法愈見稀疏，到了十九大（二〇一七），習近平的報告「體現一個中國原則的九二共識」說法中，「框架」退場，爭取「架構」也失去意義。他的報告更第一次出現「六個任何」，呼應了「地動山搖」說。接著就是兩岸關係逐漸變成自由落體，習二〇一九年初提的「一國兩制台灣方案」被說成就是「九二共識」；二〇二〇年台灣大選後李克強政府工作報告還一度出現「三不提」（不提九二、不提和統、不提兩制）。在共機繞台與美軍訪台交錯下，「寄希望、現行規定、合情合理、框架」已經是過去式了。

上面這段發展背後是兩岸社會相互疏離的強化，但川普對華強硬政策政策與香港政局變化，也使得「屋頂」和「筷子」的連結點都失去支撐。《此書》一以貫之地批判兩種「滅亡論」的謬誤。但且不說寄希望中共恢復「現行規定」提法極為不易，台灣在美英力挺香港風暴與「川規拜隨」的風向下，看待「杯子」也形同雞肋。於是美國踩線、共機越線，台灣也打算用中程飛彈跨線，負能量循環層層積壓。《此書》繼續用「愈中華，民國愈強」諫言台灣社會，提醒大家傳承中華文明並「以民主示範」向中國昭示人類文明方向，這還有多少作用，想必作者也沒有把握。《此書》又引述李顯龍說中國不是蘇聯，本體不會消失，應當面對。但電視劇《斯卡羅》與一眾過度詮釋「新清史」的文教論述，卻建構出「中國不存在」、「中國無主權」的迷因。那麼假如中共響應作者擱置「民國滅亡論」，堅持台獨者不僅不會感謝，反而更認為「民國」保留的統一窗口是一枚必須拆掉的炸彈。於是要求中共自己用「說好故事」自救，便成為《此書》解答兩岸難局的另一關鍵。

中共何處去

《此書》認為台灣丟棄「辛亥論述」而擁抱「二二八論述」，是棄強留弱。但台灣局勢判定論述的強、弱早已另有新標準：選舉。隨著世代與局勢遞變，「贏得多數選票」與「兩岸和平」不僅脫鉤甚至變成對立。「辛亥論述」的故事大概復興不易，那麼基於強者應該負更多責任的原則，北京應把先把「中共何處去」的故事說好。僅僅是「站起來、富起來、強起來」，只是「足食，足兵」，何信之有？《此書》呼籲中共得設法「偉大起來」。

建成小康與抗疫的「中國故事」確實夯實了「四個自信」的基礎，放射出中國

「前所未有地走近世界舞台的中心」的鋒芒，對長期位居物質、制度與文明霸權的美國，造成了比冷戰對手蘇聯更全面的競爭壓力。顯然「中國崩潰論已愈來愈不可能；美國仍然相對強大，但已經壓不住中國」。但《此書》提出中共應該避免「返祖」現象，不要在「本質與方向仍然停留在馬克思列寧主義基本原理」，以「馬列化」為民族復興的最高憧憬。畢竟蘇聯瓦解迄今，繼續奉行馬列的幾個政權，能有較好經濟表現的，正是能突破馬列窠臼的中共與越南。作者推崇孫中山與鄧小平推動中國現代化的成就，希望能遠離與人性與文明相悖的馬克思與毛澤東，道理在此。

誠如《此書》引述福山的分析所見，近年西方警省自身文明發展興衰之識者頗多。值此美、中「雙百年」競爭大變局時刻，知名學者奈伊在二〇一九年發表了一篇重要文章：〈美國霸權的興衰：從威爾遜到川普〉，令人怵然心驚之處不是「興、衰」，而是副標題「從威爾遜到川普」。從美國前總統威爾遜在一戰後提出自由國際主義奉為圭臬的《十四點原則》，到川普大搞單邊退群與貿易戰之時，正好是一百週年。奈伊承認美國百年優勢主要外部挑戰當然是中國。但前所未見的內因，卻是美國社會的分裂，掉進了「反威爾遜時刻」。另一位哈佛學者瓦特（Stephen Walt）今年五月也在《外交政策》撰文題為「世界也可能青睞中國規則」，提醒美國不應自我感覺良好地認為，自己的價值天生比中國更有吸引力。「中國價值」已不是毛時代的世界革命，反而是「集體利益優於個體權益」支撐的、復古的西伐利亞主權制度。短期裡，這種大白話的立場好像更能免於「偽善」指控；也能獲得不少害怕「政權改造」或「被拋棄」的發展中國家的支持。

然而《此書》提醒讀者，從君權神授到天賦人權，從神諭天命到社會契約，是人性發展之所趨。中共堅持用馬列「訓政」，其「文化身分」無法銜接中華傳統，勢必無法占據文明制高點。筆者認為這一觀點對觀察美國也有啟發，因為美國也存在著尊重契約與自賦「天命」的矛盾。至於中共怎樣奉行「馬列」，筆者注意到習近平在二○一八年紀念馬克思誕辰二百週年的萬言講話中，馬克思確實出現一六四次，但並提馬列只有兩次，而且一次是在歷史敘述中提及，一次是在與「鄧小平理論、三個代表重要思想、科學發展觀」中連提。這篇代表性文件裡，毛澤東只出現兩次。中國思想史中，馬克思主義不是唯一，甚至最大的外來元素；毛澤東思想，歷來許多學者認為「中國製造」成分頗多。馬克思如何裝在「中國特色」的開口袋子，筆者希望與作者繼續看下去。

帶病延年？雙鎖同開？

《此書》認為兩種「民國滅亡論」形同兩把鎖，需要上鎖者同時開啟方能破解台海僵局。無奈使上鎖雙方開鎖的誘因愈來愈低，美國的地緣政治利益似乎也支持「鎖死」。這又更難使北京同意對台灣獨派「圍城必闕」，以中華民國為緩衝。那麼鎖死下能否「帶病延年」？這恐怕要取決於《此書》說的台灣「外擊型」決策是否與北京的「自信」相撞。現在美國從阿富汗撤退到新三國同盟（AUKUS）成立，正釋放複雜訊號。台灣想像自己是三國同盟與四方機制（QUAD）的堡壘，其實也可能就是美國隊中的一個投手。無論如何，黃年發行人《此書》雄辯地證明，他才是新聞界有主見的諸葛武侯。他為了保護「杯子」七出祁山，因為懦夫式的挑釁與機會主義的偏安都沒有出路。筆者學淺，嚮往他的精神，也盼望兩岸有更多人，幫他在風暴來臨前，把和平屋頂撐住。

台灣大學政治學系教授張登及　謹誌

二〇二一年九月十八日

自序

大屋頂中國總論

為何本書取名《希望習近平看到此書》

我將在稍後解釋為何本書取名《希望習近平看到此書》。

本書在二〇二一年十月出版。此時是兩岸關係自一九九六年飛彈危機以來最惡劣的時段。兩岸法制性交流完全中斷了逾五年，共軍機艦繞台成為常態，總統府的憲兵配置紅隼反裝甲火箭彈及刺針飛彈巡防……。

更嚴重的情勢是，此前雙方用以操作兩岸關係的「兩岸大論述架構」皆告擱淺或破滅。在中共方面是如此，在蔡英文政府方面也是如此。先說中共方面。

中共方面，可謂「三論四統」均告擱淺或破滅。三論是：①九二共識。②一國兩制。③中華民國已經滅亡論。

二〇一九年一月二日，習近平對台談話提到「共謀統一的九二共識」，又談到

「一國兩制，和平統一」。撿到槍，正在布局二〇二〇總統大選的民進黨立即將「九二共識」與「一國兩制」掛鉤，稱「九二共識沒有一中各表／九二共識等於一國兩制／九二共識沒有中華民國存在的空間」。九二共識就此異化、變質、擱淺、破滅。

台灣民眾一直對「一國兩制」懷有疑懼。香港反送中事件及港版國安法的出台與實施，又正當其時地向台灣做了種種「垂範」。至此，一國兩制在台灣遂成過街老鼠。

上述九二共識與一國兩制的擱淺與破滅，則又皆源自北京「中華民國已經滅亡論」的失敗。

一、北京屢稱「一個中國原則符合兩岸各自相關規定（憲法論）」，卻又持「中華民國已經滅亡論」，自相矛盾。二、中共如何能使台灣接受一個以消滅中華民國為終極目標的兩岸政策？三、因此，中共的「中華民國已經滅亡論」在實際上就成了台獨的ＯＥＭ代工者。中共對中華民國的否定與打壓，使台獨取得了主要的正當性與發展空間。

台獨是中共的產品，這就是關鍵。

我曾幾次在大陸舉行的兩岸座談會上公開指出，中共兩岸政策失敗的關鍵即在「中華民國已經滅亡論」。盱衡現今情勢，益加確定此念。

兩岸探戈　不要玩過肩摔

再談「四統」的失敗。

①武統：國際間對中國崛起的圍堵方興未艾。中國若欲和平崛起，卻要武統台灣，這是矛盾的。因此，中共高層迄今仍維持「和平統一」的語境。②和統：九二共識及一國兩制既皆告擱淺與破滅，不能心靈契合，如何「和平統一」？③買統：惠台讓利，買不到台灣。④融統：生活資源的「中華人民共和國國民待遇」，不能使台灣人以「中華民國的選民待遇」做交換。於是，「四統」均告落空。

三論四統均告擱淺，這是中共重新檢討「兩岸大論述架構」的時刻。大論述的問題涉及了「名正言順」，也就是涉及了名正不正，言順不順，與事成不成。

中共的兩岸大論述不能再建立在實力原則的唯物主義之上，而必須從大歷史、大文明的視角出發，也就是必須從「人性的本質與文明的方向」來發想與創造。這才是正本清源。

自由是人性的本質，民主是文明的方向。

第一個角度是應當站立在人類文明的制高點上。中共目前實施的「黨帝制」，效率極強，成績亦彰。此制若是過渡手段，或視作一種「訓政時期」，尚可理解。但倘若這個十四億人口的強國，永遠將停留在低人權、低民主的「黨帝制」中，這對於人性的剝奪與文明的傷害就會成為人類文明不可承受的負荷。在此趨勢下，中國愈強，對人類文明的威脅與傷害愈大。

第二個角度是應當站立在中國文明的制高點上。中共曾強調「以階級鬥爭為綱」，後來則強調「和諧社會」；又曾「批孔揚秦」，如今則四出普設孔子學院，而非秦始皇學堂。

可見，中國的文明亦有其本質與方向。中共如果終究不能返回並與中華文化圓滿銜接，中共的「文化身分」就有缺陷。

本書認為，必須站在世界文明及中國文明的制高點上，先從中共的自我救贖談起，進而才能談到中華民族的偉大復興，繼而再談兩岸關係，這才是能夠起承轉合、正本清源的思維路徑。

然而，這就涉及了中共的選擇。如果中共的本質與方向仍然停留在「馬克思列寧主義基本原理」，又欲以返祖馬克思來復辟毛澤東，且打算永遠以「黨帝制」來統治中國，亦即以「中國的馬列主義化」（卻稱為「馬列主義中國化」）為中華民族偉大復興的最高憧憬，亦即以「馬列化」為「基本實現社會主義現代化」的藍本，則中共不可能自我救贖，中華民族亦不可能「偉大」復興。兩岸僵局也就不可能化解。

也就是說，兩岸問題的解決，在根本上寓於中共的自我救贖與轉型。

因為，台灣不可能同意走向「以馬列主義為指向」的未來。這不只是為了台灣的利益，也是為了整體中國的利益，甚至更是為了整個人類文明的利益。

二〇一九年，「遠見天下文化出版社」發行拙著《總統大選與兩岸變局》一書。該書收輯的一篇文稿，名為〈足食，足兵，民主之矣：希望習近平看到此文〉，主旨即在「中國不能綁在馬克思毛澤東上」（已輯入本書）。後來，我又寫過〈回頭不是岸：百年中共的反省與返祖〉及〈說好中共故事〉等文章，皆在對中共發言，思考中共自我救贖的問題。中共得救，中國就得救，兩岸關係也能得救。

中共現今的思考是：確立以「馬列主義基本原理」為中國定位，而以解決台灣問題來更加鞏固此一架構。但是，本書的思考則是：中共應當從人性本質與文明方向的角度來省思自身的本質與方向，重新為自身定位，進而為中國定位，亦以此為兩岸關係定位。這才是「兩岸大論述」的應有格局。

因為，兩岸關係不只是「你吃掉我或我吃掉你」的統獨問題，而是一個具有人性、文明及歷史高度的議題。在這個議題上，中共不僅要面對台灣，也要面對中共自己、面對中國，面對全世界、全人類，面對人性及文明。

先說好中共故事，才可能說好兩岸故事。

倘非如此，中共即使吃掉了台灣，也得不到自我救贖，反而作孽更加深重，不能面對人性、文明與歷史，不可大也不可久。

兩岸關係，大陸強，台灣小。這就是我向中共發言，從〈希望習近平看到此文〉放大到今日《希望習近平看到此書》的原因。因為，重建兩岸關係，大陸的能量與責任皆大於台灣。對中共發言，是我向來在兩岸論述上的自我期勉。

兩岸關係有如一場花妙的探戈。雖然也有翻滾騰躍，但仍應是婆娑曼妙。因為探戈的神髓就在心靈契合，探戈不是相撲或角力，不能玩過肩摔。

民進黨的「中華民國已經滅亡論」

接下來談民進黨在「兩岸大論述架構」的擱淺與失敗。

前述中共兩岸操作失敗的關鍵是在「中華民國已經滅亡論」，而民進黨「兩岸大論述」的擱淺與失敗其實也在其「中華民國已經滅亡論」。

台獨理論不僅要滅亡中華民國，更是建立在自欺欺人的「中華民國已經滅亡論」上。

從早期的「台灣地位未定論」，至「中華民國是外來政權」，其實皆是中華民國已經滅亡論。《台獨黨綱》是要滅亡中華民國，後來轉向《台灣前途決議文》，則主張「台灣是一主權獨立的國家，現在名為中華民國」，寓意亦在中華民國已死，其名號已被台灣這個「國家」篡奪或借用。至於「中華民國新生論」（賴清德）、「中華民國已被民進黨接手論」（蔡其昌）或「中華民國台灣」（蔡英文）等新生的政治符號，皆寓有中華民國已經異化、流失、掏空、換置或滅亡的涵義。總之，皆是「中華民國終將滅亡論」或「中華民國已經滅亡論」。

這樣的「兩岸關係大論述」是自欺欺人的。

我將台獨分成「外擊型台獨」與「內殺型台獨」兩個面向。

外擊型台獨，意在對抗中華人民共和國及抵抗國際上（主要是美國）的「一中政策」。但台獨沒有能力對抗中共，反而成為中共升高對台威脅的主因。且美國迄仍持「一中政策／不支持台灣獨立」的立場，台獨也跨不過美國這一條底線。

台獨知道，如果台灣宣布法理台獨，中共必然無可選擇地將對台灣訴諸戰爭。倘若致此，唯一的寄望是美國能夠參戰。但台獨戰爭必是一場絕望的戰爭。

簡而言之，對台灣來說，①國家認同分裂，這個仗如何打？②現今這種連向左轉、向右轉都操不好的台灣兵役素質，這個仗更如何打？

另就美國來說：①維持現狀（台灣不改變中華民國的體制）是美國成本與風險最低及餘裕最大的兩岸政策（一中政策／和平解決），因此美國必然否定台獨戰爭。②美國若捲入並深陷台獨戰爭，中共及十四億中國人民的意志必比美國政府及美國人民強，看一看以前的越南及現在的阿富汗即知美國的底蘊。因此，台獨人士也心知肚明，台獨戰爭就是自殺。

但是，台獨為何仍要玩弄台獨？這就是自欺欺人。

「台獨堡壘」與「民主燈塔」

今年六月G７會談以後形成的國際間兩岸政策有三點：①強調台海和平穩定的重要性，②並鼓勵和平解決兩岸問題，③希望兩岸進行有意義的對話。

但是，台獨能使台海和平穩定嗎？能使兩岸問題和平解決嗎？能使兩岸進行有意義的對話嗎？可以這麼說，台獨的本質與前述國際三要點是背道而馳的，也就是「外擊型台獨」是失敗的。

台獨的兩岸政策是「三只三不」：只能仇恨／不能和平，只能衝突／不能互惠，只能零和／不能雙贏。台獨是一種「煽動仇恨／摧毀和平」的操作。不只煽動兩岸仇恨，更在煽動台灣內部仇恨。不只摧毀兩岸和平，更在摧毀台灣內部和平。

這就是內殺型的台獨。它不問「仇中／恨中」的政策（外擊型）有沒有用，其真正的目的在煽動台灣內部仇恨、撕裂台灣社會，藉此獲得民進黨的台灣內部政治利益，這就是「內殺型」。

這套建立在「中華民國終將滅亡論」及「中華民國已經滅亡論」的台獨理論是個騙局。莫說蔡英文總統領的是中華民國納稅人供養的印著孫中山國父遺像的薪俸，甚至連台獨運動也是在中華民國撐持的民主體制下得以存活。沒有中華民國，蔡英文是什麼總統？沒有中華民國的第二天就立即沒有台獨。看看香港，港獨哪裡去了？

前文說，中共應從「人性的本質與文明的方向」來省思其兩岸論述大架構，民進黨亦應如此。

從全人類及全中國的大文明及大歷史來看。台灣這個歷經滄桑而如今精華薈萃的小島，能對傳承五千年大國至今蛻變成世界強國的「中國」發生了在「人性本質與文明方向」的重大影響，「引領中國／示範中國」，這是亙古未遇的文明奇蹟，更是崇高無比的大史詩事件。這也是國際上對台灣同情、同意、聲援、支持的主要原因。因為，國際迄今仍認為台灣對中國有「民主燈塔」、「華人民主示範」、「台灣是較佳部分的中國」的對照作用。也就是說，中華民國在人性及文明上具有「外擊型」的力量，台獨則可能成了國際間的「麻煩製造者」。

何況，對中國大陸，台灣若不做「台獨堡壘」，而是做中國的「民主燈塔」，可以使中共對內對外失去以「非和平手段」解決台灣問題的口實，且能爭取十四億大陸人民對台灣民主自由體制的同情與支持。此中其實存有「愈『中華』，『民國』愈有力量」的契機。

在人性及文明上，以三民主義為旗幟的中華民國，正是台灣與中華人民共和國分庭抗禮的主要生命憑藉。但民進黨的台獨操作卻要變造歷史課綱、操作轉型正義，研議毀去中正紀念堂，把中國史納入東亞史，將孫中山也變形為政治的他者，這不啻是將台灣與中共抗衡的主要生命憑藉自毀長城。這難道是愛台灣？救台灣？這種台獨其實是中共「中華民國已經滅亡論」的ＯＥＭ忠實代工者。

尤其，今天的台獨已經成為反民主的體系。「台獨／仇恨／零和」與「中華民國／和平／雙贏」，一直是台灣兩岸政策的兩種不同的選擇。但中華民國容下了台獨運動，如今台獨卻要去中華民國化。也就是只容「台獨／仇恨／零和」，而以國安五法、反滲透法、查水表、東廠、關閉中天電視台等手法，想要完全排除「中華民國／和平／雙贏」的民意存活空間。

這種「三只三不」的「煽動仇恨／摧毀和平」的台獨操作是反民主的。因為在全體台灣人中，雖然有人主張兩岸仇恨，但也有人主張兩岸和平。民進黨不可使主張兩岸和平的民意窒息。

何況，民進黨不也口頭主張兩岸和平嗎？但台獨沒有和平。台獨幻滅，民主失敗，兩岸無和平。這就是今日的民進黨。

打開兩岸僵局，鑰匙就在：中共當局與民進黨內的台獨操作者，皆要放棄「中華民國已經滅亡論」。中華民國才是兩岸定海神針。

接下來嘗試思考重建「兩岸大論述架構」的基本路徑。

再強調一次：對於兩岸關係的理解與處理當從「人性的本質與文明的方向」出發。站在這個出發點上，中共始能領悟自己對於世界文明的重大責任，台灣也才能體認中華民國應有的自尊與自信。

兩岸是人性與文明的大議題

兩岸關係不只是兩岸關係。中國既是超級大國且已是超級強國，因此中國未來的發展品質，不僅攸關中國的內涵，也是攸關人類及世界對於人性本質及文明方向的探討與追求。倘是如此，兩岸關係就不只是兩岸關係，更不只是「兩岸統獨」或「國共內戰」的層次，而是一個人性與文明的大議題。

談到中共的「兩岸大論述架構」，應當從中共現今的「黨國大論述架構」說起。這個黨國論述大架構就是「兩個一百年」及「中華民族偉大復興」。

中共在組建這套大論述時，在傳承中華文化上，可謂出現了秦始皇 vs. 孔夫子的選擇；在探求現代化上，可謂出現馬克思 vs. 孫中山的選擇；在決定黨的路線上，可謂出現了毛澤東 vs. 鄧小平的選擇。

目前所見的組合，是傾向秦始皇加馬克思加毛澤東，而以「黨帝制」為治理的主軸。

黨帝制的治理績效可謂斐然。但是這種低民主、低人權的治理模式卻與人性的本質與文明的方向背道而馳。黨帝制或許可使中國「站起來／富起來／強起來」，但因違反人性本質與文明的方向，所以不可能使中國「偉大起來」。

中國是超級大國，也是超級強國，如果中國永遠是在黨帝制下，其對於人性的剝削及對於文明的威脅，將成為人類文明的重大負荷。這就是前文所說，中共對世界文明的責任。

什麼是人性的本質與文明的方向呢？此處僅談政治的角度。從君權神授到天賦人權，從神諭天命到社會契約，從朕即國家到主權在民，這皆是在人本及人文上朝向人性本質與文明方向的演化過程。

無產階級專政（dictatorship of proletariat）的中譯原本應是「無產階級獨裁」。將「獨裁」譯為「專政」其實是美化了。且「無產階級獨裁」又異化為「共產黨獨裁」，終至演變成連在黨內也無民主的「核心獨裁」的黨帝制。

若再問為什麼可以實行黨帝制？答案竟是根據「馬列主義基本原理」。亦即，黨的權柄居然是由兩百年前的馬克思所授予的，這成了「黨權馬授」。

這樣的「黨國大論述架構」是不可大也不可久的。

「非統一」時期的問題比「統一」更重要

誠然，如今是民主體制最受質疑的年代，甚至也是專政體制最受讚譽的時代。民主制度的缺陷畢露，但從長遠來看，自由民主體制畢竟符合「人性的本質與文明的方向」，仍應是人類歷史的歸趨。

世人皆不能無視中共今日的治理成就，但中共自己卻不能以黨帝制做千秋萬世之想。黨帝制的集中力量辦大事或許能為中共的治理添增效率，但在人性與文明上絕無可能使中共及中國「偉大」。

中華民族偉大復興，應當不是回到馬克思與毛澤東。回到馬克思毛澤東，就是為中共及中國封頂畫線，就是鑽回死胡同。因此，中共最好是仍然拿著「中國特色社會主義」這一只開口的袋子，什麼東西皆可掏出掏進，那就不必被馬克思毛澤東綑綁了。

中共若能走出「黨國大論述」的迷亂，其「兩岸大論述」也就能在「人性本質與文明方向」上順理成章。因為，台灣不可能接受「以馬列化為指向」的「中國」。

以上是從倫理面談中共的兩岸大論述。接下來看現實面。

前述中共「三論四統」的擱淺及失敗，就是現實面。國際上防堵中國崛起的情勢方興未艾，美國與中共都「一定」不能失去台灣，這是一個僵局，但也是一個和局，將有相當長期的「僵和」。另外，捷克、立陶宛、匈牙利、波蘭、斯洛伐克等中小國家的挺台動作，亦見國際輿論的變化。再加上台灣內部對中共及中國的日漸疏離，且「統一」的議題幾已在台灣完全消失。這些皆是現狀的特徵。

這樣的現狀預示，統一已是愈來愈困難的課題。因此，對中共來說，如何處理「未統一」或「統一前」的問題，遠比奢望「統一」更為現實及緊迫。

也因此，中共兩岸政策的目標也必須相應調整。亦即：必須將重心由強求統一，轉向維持「原真中華民國」的存在，以扭轉台灣愈演愈烈的「去中華民國化」。

關鍵即在放棄「中華民國已經滅亡論」。中共應改以「雙方各自相關規定（憲法體系）符合一個中國原則」（憲法說）為中心思想，在兩岸建立起「兩不路線」，亦即建立「我不消滅中華民國，你不台獨；我不台獨，你不消滅中華民國」的兩岸默契，在「大屋頂中國」下的「現在進行式的一個中國」中推進兩岸和平發展。

至於如何維持「大屋頂中國」的精神與實質，那就是應當從「被統一」轉向「互統一」，以期在可能較想像更久長的「未統一」或「統一前」時期，得以將「統一」仍然維持在「懸浮議題」的狀態，不致使兩岸脫鉤斷離。

對中共而言，如果不用「互統一」這個概念來維持兩岸情勢，「統一」這個議題就很難再在台灣存在。

統一，不是你吃掉我，不是我吃掉你，第三條路就是「互統一」。這也可能是中共若欲實現「和平統一」或「心靈契合的統一」的唯一路徑。

中共一再說「平等協商，共議統一」，總不能說「平等共議」我把你吃掉吧？大局的發展顯示，中共欲解決兩岸問題，重點不在消滅台獨（因為已無「法理台獨」，「借殼台獨」則消滅不了），而在必須維持「原真中華民國」，扭轉台獨的「去中華民國化」。

中共的「中華民國已經滅亡論」，一方面使台灣的反台獨力量失去支撐，另一方面也堵住了台獨內部溫和改革勢力的轉型出口。此種螺旋惡化的趨勢，使兩岸不能和平發展，遑論和平統一。

在大屋頂中國下，不應是消滅自由民主的中華民國，併吞到中華人民共和國；而應是保全中華民國，來「等待」中華人民共和國走上自由民主。

準此，中共的「兩岸大論述架構」，可考慮朝前述的演繹思路來發展：一、面對人性與文明，來思考如何使中華民族復興及偉大。二、繼續淡出毛澤東，以鄧小平為中共自我救贖的路徑。三、從中共的自我救贖來思考如何重建兩岸關係。四、放棄「中華民國已經滅亡論」。五、以「兩不路線」來維持兩岸和平競合。六、因此，改以「憲法說」來穩固兩岸定位。七、以「互統一」取代「被統一」，以維繫兩岸關係的基本連結，不致離斷。

再說一次。台獨是中共的產品，這才是關鍵。

台灣應重建中華民國的自尊自信

以下談重建台灣的「兩岸論述大架構」。

前文說，若能體認台灣在兩岸關係上承擔著護衛「人性本質與文明方向」的歷史角色，就能建立中華民國的自尊與自信，並以此種自尊與自信來理解及處理兩岸關係。

蔣經國當年的「三民主義統一中國」就有這般氣魄，反對「一國兩制」也是由蔣經國定調。

台灣的「兩岸大論述架構」，其實是由蔣經國建立。他的政治解嚴及兩岸交流兩大政策至少發生了五大影響：

一、中華民國實現民主政治。二、因此，兩岸關係受到台灣民主運作的制約。三、兩岸關係出現和平競合的可能性。四、由於將民主運作置入兩岸關係，也就形同將民主元素帶進了中南海及大陸人民的政治思考。五、彰顯了兩岸問題在民主與專政上的價值對照，可謂使兩岸關係從國共內戰提升至人性與文明的選擇問題。

蔣經國決定了三十餘年來兩岸互動的基調。他所建立的是一個涵蓋了台灣、兩岸、中國與世界思考的大架構。這個大架構的主體就是：必須經由中華民國的民主運作來理解與處理兩岸關係。迄今及今後都沒有人能自外於此一架構，包括中共。

蔣經國的兩岸大架構建立在他所想像的民意及民主之上，也就是建立了台灣的主體性。這使台灣人民不會莽撞地接受台獨，也使台灣人民不會輕率地接受統一。不統、不獨、不武，遂成台灣民意及民主形成的公約數與均衡點。

中共欲以強制統一來破壞這個均衡點，分離運動則以台獨否定這個公約數，但均迄未實現。前文已談過中共，以下來論台獨。

對於台灣而言，兩岸關係確是一個巨大無比的難題。但是，相對而言，以中華民國來處理兩岸問題，必然比用台獨來處理要強得多。在萬般困難中，中華民國相對應是最好及最強的方法，台獨卻是最壞最弱的方法。但台獨卻偏偏選了最弱的，丟掉最強的。

例如，孫中山三民主義的「辛亥革命論述」在兩岸抗衡中極具能量，但民進黨卻沉溺於「二二八台獨論述」，並用以否定中華民國，撕裂台灣。這是不是選了最弱的，丟了最強的？

例如，「二二八論述」只是「內殺型台獨」的工具。等到台灣被中共併吞的那一天，中共必仍將紀念二二八，但會換上「中共與台民共同抗暴」的主題，並以謝雪紅及二七部隊替換湯德章等人物。台獨應當警覺，以湯德章對抗孫中山，最後將敗給中共抬捧的謝雪紅。

台獨是以「內殺型台獨」來操作兩岸關係，完全無視於中華民國在兩岸互動中的「外擊型」力量。

前述台灣應當站在人性及文明上伸張中華民國的自尊與自信，但台獨卻以「中華民國終將滅亡論／中華民國已經滅亡論」來摧毀中華民國。遂致中華民國支離破碎，台獨更不能存活。兩頭落空。

台灣應當是「中國」的

台獨應當覺悟，無論從什麼角度來看，台灣都應當是「中國」的。台獨絕無可能使台灣脫離「中國」，台灣能做的應在用自由民主的中華民國來保護自己，且以民主燈塔的角色來影響大陸、改變中國，並訴諸人性的本質與文明的方向；但若台灣毀掉了中華民國，絕無可能變成台灣國，而是隔日就與香港一樣成為中華人民共和國的特別行政區。

為什麼說「台灣應當是中國的」？莫說兩岸是同文同種，在血緣、地緣及人文上無法切割，從歷史來看，明鄭開台，有清置省，甲午失去台灣，抗戰光復台灣，大陸發生文革，台灣躲過文革，台灣在中華民國的三民主義下實現了自由民主體制……。這個過程，是幾億人斷送生命的過程，有中國的血，中國的淚，中國的災難，也有中國的榮耀。沒有其他民族與台灣有這樣的骨血關係，所以台灣應當是中國的。

此處所說的「中國」，是大屋頂中國。

台獨當然不作此想。但台獨或能宰制台灣人，卻不能操控對岸十四億中國人。當對岸十四億中國人都認為「台灣應當是中國的」，台獨就不可能有機會。台獨最大的盲點就在非要與十四億人為敵，不知他們可能是台灣的同情者或同意者。

台灣必須對「中國」的定義與內涵有意見，且以堅強的意志來捍衛此一意見，並護守中華民國在「中國」中舉足輕重的角色，但不能主張「台灣不是中國的」。因為，這句話要比李登輝說「釣魚台不是台灣的」複雜得多。

說到這裡，台灣的「兩岸論述大架構」的脊梁已經呈現，那就是：必須從「中華民國已經滅亡論」走向「中華民國不可消滅論」。

一、不容台獨消滅中華民國。

二、兩岸和平競合，不可消滅中華民國。

當然，民進黨不可能翻身就從「中華民國已經滅亡論」轉到「中華民國不可消滅論」。

但是，蔡英文迄今仍然站在「依據中華民國憲法及兩岸人民關係條例處理兩岸事務」上，這可視為與對岸互留餘地，更是自留餘地。

台獨必須解決在兩岸戰略上的最大矛盾。那就是：一方面躲在中華民國的保護傘下，一方面又去中華民國化，無所不用其極地摧毀中華民國的自尊與自信。

其實，台獨的本質是色厲內荏。是失敗主義，認為拚不過中國或中共；也是逃避主義，認為切斷了中國，也就逃離了中國。但是，何妨回視前述「台灣應當是中國的」，躲不過，就必須面對。用什麼面對？當然是用重建起自尊與自信的中華民國來面對。台獨沒有能力面對中國。

因此，勿再摧殘中華民國的自尊與自信。因為，中華民國面對兩岸，是站在「人性的本質與文明的方向」的普世高度上，足可「引領中國／示範中國」，這使中華民國可以自尊亦可自信。

本文認為，民進黨的困境在久被「內殺型台獨」所挾制。其實，民進黨在二〇一三年就出現「凍結台獨黨綱」的風潮，可見黨內溫和改革勢力夙有轉型的意識，卻因台獨在黨內「內殺」，迄仍無法自拔。

蔡英文在李登輝忌日週年前往致祭，卻迄未赴頭寮祭過蔣經國。這樣的行為與心態，呈現了她對中華民國的歪曲史觀，當然也反映在其兩岸操作之上。不談公正，已非公平。

蔣經國總統紀念圖書館已落成，據說蔡英文將參與啟用典禮，這應是一個平衡的動作。蔡英文應利用這個場合，修補其國家論述及兩岸論述。

至此可以總結民進黨應有的「兩岸大論述架構」為四個要點。一、終止「中華民國已經滅亡論」。二、確立以中華民國憲法為國家定位。三、如果「不容台獨消滅中華民國」說不出口，至少可說「兩岸和平競合，不可消滅中華民國」。四、主張「兩不路線」，亦即：我不台獨，你不消滅中華民國。

東奧奪金，奏起國旗歌。跟著默念青天白日滿地紅的歌詞，民進黨應當覺悟：中華民國雖然帶傷帶痛，卻是台灣唯一的生存憑藉，應當從頭再建中華民國的應有自尊與自信。

不能消滅對方　只能改變對方

中共與台獨互為敵體。因此，中共想消滅台獨，台獨也想消滅中共。然而，我認為，對兩方面來說，都不要以為能消滅對方，而要想如何才能改變對方。

只要台灣維持民主體制，台獨就消滅不了。在中共的天羅地網下，疆獨與藏獨都未能完全消滅。近兩年冒出港獨，你看要用多大的力氣恐怕還壓制不住。何況台獨？

中共想消滅台獨，只有寄望像對付香港一樣，有朝一日終結了台灣的自由民主體制。但這卻證實了一國兩制根本不可行，何況香港畢竟已回歸在北京治下，方圓任之，而中共若想終結台灣的民主政治，唯一的方法就是必須先武統台灣。

這又繞回到武統可不可行的問題了。但即使武統了台灣，台獨也未必消失。若要命其消失，中共就不知又要作多少孽，這就是此處說不完的了。

同樣的，台獨也無法想像能消滅中共。新加坡總理李顯龍說：「中國不會消失，這不是蘇聯。」何況，用「消滅」來處理中共，亦可能意味另一種大災巨禍。

因此，台獨必須考慮如何使中共改變，中共也必須思考如何使台獨改變。

先談中共如何可能改變台獨。

首先，中共應面對中國及面對世界，考慮自己的體制轉型問題，這部分前文論述已多。否則，台灣不能接受一個「以馬列主義基本原理為指向」的未來，這不只是台獨的想法，而應當是台灣絕大多數人的想法。

香港是前車之鑑，台灣不會踏上覆車之轍。

中共必須改變，在這個改變中自然應當包括兩岸政策的改變。也就是不再以「中華民國已經滅亡論」來飼養台獨，而是以承認中華民國存在的事實，來化解台獨。

至於在現實操作上，應有兩方面的思考：

一、中共即使要對付台獨，也要給台獨內部的溫和改革力量一個出口，這個出口就是要讓他們也能以「中華民國」做為出口。兵法謂「圍城必缺」。從李登輝、陳水扁到蔡英文，多少皆曾嘗試要從「中華民國憲法與兩岸人民關係條例」走出來，甚至李登輝還曾有《國統綱領》，但中共曾給過他們出口嗎？

二、中共應以「中華民國」為台獨的出口，更應知道「中華民國」是台灣反台獨民意的根本憑靠。

否則，若連「一中各表」都不容，反台獨的力量就不能存在。

台灣實行民主體制，倘若反台獨的民意不能在選舉體制中發生制衡作用，台獨就難以改變。

東京奧運期間，發生藝人小S說「國手」，被大陸網民霸凌為「台獨」。如果主張中華民國者皆是台獨，那麼再加上真正的台獨，台灣就無人不是台獨了。

中華民國不是台獨，這是中共應有的基本知識。甚至，中共必須承認，若要維繫兩岸關係，話說到底，華獨也比台獨強。

因此我說，台獨是中共的產品。

中共如果能回到中華民國，在民主政治中，我相信台灣任何主要政黨都自然會靠向中華民國這一邊，台獨就可能邊緣化。

民進黨在兩岸關係中的特殊槓桿地位

中共的轉變，可能帶動台獨的改變。同樣的，台獨的轉變，也可能帶動中共的改變。

台獨如何改變中共，簡單一句話：就是改以中華民國來面對中共，並促使中共以中華民國來面對台灣。

其實，勿待外力催迫，就台灣的生存戰略而言，台獨自己就該改變。不變，走不下去。

台獨的「中華民國已經滅亡論」，其實是中共「中華民國已經滅亡論」的隔海唱和。

尤其，台獨的主張，對中共不敢直說，對美國不敢明說，對台灣內部也說不開來。終至搞成這種「中華民國灰頭土臉，台獨東躲西藏」的局面。這種政策豈能可大可久？

台獨不可能消滅，但絕不能成為國家生存戰略。因此，民進黨在中華民國執政，就當回到中華民國，不能再操作這種自欺欺人、自誤誤國、兩頭落空的「假台獨」路線。至於台獨，就讓給台獨吧。

美國學者凱瑟琳．蓋爾說「政治已成為一種產業」。請教蔡英文：用「東廠」這種政府模式，及「大港開唱」這類社會元素來操作這種「台獨公司」，買空賣空，有意思嗎？

其實，就藍綠紅三角關係來說，民進黨與中共互動，有一種較國民黨突出的優勢。因為，中共即使與國民黨達成和平互動，但仍擺不平台獨。但中共若與民進黨實現了和平互動，就可能同時化解了台獨的難題。因此，針對此點，民進黨與中共互動時，其實具有國民黨所沒有的槓桿或籌碼。

我認為，民進黨如果操作「我不台獨，你不消滅中華民國」的「兩不路線」，自己先回到中華民國，就有可能也把中共帶到中華民國。

前文指出：中共與台獨最大的交集是在：兩者都持「中華民國已經滅亡論」。於是，要改變中共及改變台獨，就是要雙方皆放棄「中華民國已經滅亡論」。因為，若要挽救兩岸關係，中華民國其實是中共與台獨的最大交集。

中華民國使「中國」不失去台灣，中華民國使台灣保住台灣。

這就是杯子理論：台灣是水，中華民國是杯；杯在水在，杯破水覆。

因此，本書主張兩岸建立「兩不路線」的默契，雙方同以中華民國為兩岸定海神針。

從兩不路線就可談到大屋頂中國：在大屋頂中國下，中華民國是民主中國，中華人民共和國是社會主義中國。二者皆是一部分的中國，同屬「一個（大屋頂）中國」，亦即「兩岸主權相互含蘊並共同合成的一個中國」。

此處說的是「二者皆是一部分的一個中國」，而非一般所論「二者皆是中國的一部分」。意在強調二者在連結點中維持了主體性。

但只強調主體性，可能失去連結點。這個連結點可用「互統一」來補強，至少以「懸浮議題」的形態維繫兩岸連結，不致離斷。

互統一的思想是：兩岸現在就是「大屋頂中國」（一中各表／現在進行式的一個中國），未來也是「大屋頂中國」（共同締造論／互統一）。

倘要構成此一體系，中共與台獨皆要放棄「中華民國已經滅亡論」。

因此，不但希望習近平看到此書，亦期待台獨人士看到此書。

當然，也希望蔡英文看到此書。

「民主轉型」與「民族革命」

一九七〇年代，台灣進入政治狂飆期。中華民國退出聯合國、蔣中正逝世、蔣經國繼承、毛澤東逝世、四人幫事件、越戰悲劇收場、海外台獨運動聲勢日昂、黨外運動如火如荼……。

一九七八年十一月二十五日，聯合報第二版刊出〈一個災禍的中國，必無苟免的台灣〉一文，作者署名童舟。

當時，中央民意代表增補選正在進行，政治言論激烈，社會暗潮洶湧。幾位新生代媒體人商議對時局國事發表一篇共同意見，不知怎地推我主稿，童舟為筆名。

這是四十二年前的往事。該文未必能反映當時各位參與者的差異看法，卻呈現了此後我對兩岸問題的基礎架構，一路貫通到今天。主要觀點有二：

一、台灣問題是在中國問題之內，必須在中國問題內尋找解方。亦即，必須中國先化解其「災禍」，兩岸僵局始能和平解決。

這也是我後來在兩岸論述上常對中共發言的原因。

二、台灣內部政治演化出「民主轉型」與「民族革命」兩條路線。民主轉型就是三民主義在中華民國的呈現，主軸則在使台灣在中華民國體制下實現民主化。民族革命則是主張台灣人不是中國人，台灣不是中國的，要推翻中華民國，建立台灣國。

童舟主張，台灣應走向「民主轉型」，勿折向「民族革命」。也就是：「勇敢渡河，勿上錯岸。」

筷子理論的主體性與連結點

解嚴後，我陸續擔任聯合晚報總編輯、聯合報總編輯與聯合報總主筆等職，在新聞前線上，可謂不能不對兩岸問題有日以繼夜的觀察、學習與思考。

一九九〇年，我應美國國務院之邀請赴美旅行訪問一個月。在華府，美國在台協會理事主席白樂琦問我對兩岸問題的看法，我答以「筷子理論」，這是我兩岸論述的主體。

筷子理論：兩岸有如一雙筷子。其中一支筷子是台灣，另一支是大陸。這雙筷子有三種關係：

第一種關係是分離論，主張將兩支筷子盡量分開，切斷政經關係，推至極端，就是台獨。然而，兩支筷子一旦分開，筷子的功能就不存在了。

第二種關係是合併論，主張將兩支筷子綁在一起，也就是強制統一，但如此筷子也會失去正常功能。

第三種關係則是維持筷子正常操作，使用一雙筷子時，有些地方「離」，有些地方「合」，在離合之間即能發揮正常功能。

筷子理論是處理兩岸關係的兩個基本元素：一、連結點：兩岸必須維持相互的連結點。二、主體性：兩岸也必須有各自的主體性。

我的兩岸論述就是想要處理這兩個問題。一是連結點，二是主體性。

接下來，在處理這兩個問題上，我陸續提出一些原創性的看法。包括：杯子理論、大屋頂中國、統一公投、過程論與目的論、渡河論、五個中國、「一個中國」是「第三概念」或「上位概念」、新新三句、「愈中華，民國愈有力量」、以「辛亥革命遺留」取代「國共內戰遺留」、兩岸應當從「交戰政府」轉為「分治政府」、內殺型台獨與外擊型台獨、台獨的彼得原理、黨帝制、中共體制的「專制紅利

vs.民主負債」、中共回頭不是岸、中共自我救贖論、說好中共故事、中華民國不可消滅論、華獨也比台獨強、互統一、不消滅中華民國的統一、大屋頂中國兩治、兩不路線，及兩岸終極解決方案應當「為人類文明建立典範，為兩岸人民創造救贖」等。

一路皆是筷子理論，一路探討連結點與主體性，一路都希望中共轉型與台獨回頭，一路都在倡議兩岸和平競合。

朋友說，黃年是柿子專挑硬的吃。但兩岸難題找不到答案，原因就在吃軟柿子沒有用，也要有人試試吃硬的。

咬硬柿子，文字不免尖銳，但我心存熱情與善意。

大屋頂中國是一種心態

有人說，「大屋頂中國」這個概念流於抽象且空泛，缺乏法制上的主張。過去我也曾提出一些法制設計，但我更想要維持其抽象空泛，意在預留極大的空間給法制方面去發明創造。我不是主張一個名詞，而在主張一種思想與心態。

其實，「大屋頂中國」並非另樹一幟。在琳瑯滿目的各家兩岸論述中，有許多與

「大屋頂中國」同類或近似或小部分有交集者。

例如：現在進行式的一個中國（汪道涵）、一中各表（藍版九二共識）、邦聯（連戰）、相對統一（章念馳）、一中三憲（張亞中）、一中兩憲（黃光國）、一國良制（陳長文）、第三主體（黃嘉樹等）、球體理論（劉國深）、一國兩府（楚樹龍）、大一中架構（施明德、蘇起、陳建人、焦仁和、陳明通、洪奇昌、張五岳）、憲法一中（謝長廷）、中國議會（許信良）、中華邦聯（呂秀蓮）、歐盟模式（主張者眾多）、共同締造論（汪道涵）等。

二〇一四年以施明德與蘇起領銜的「大一中架構」，提出「處理兩岸問題五原則」，是亮眼的藍綠菁英組合。其中陳明通曾任陳水扁政府的陸委會主任委員，洪奇昌曾任海基會董事長。我自始至終深入參與其事，但未具名。原本郝柏村亦在其中，半途退出。可見「大一中」在藍綠之中有交集。

汪道涵的「現在進行式的一個中國／共同締造論」高瞻遠矚，最可欽服。他在一九九七年提出此說，顯與當年香港的「一國兩制」做出了區隔，可稱是後來所有「大屋頂中國思路」的鼻祖。

早兩年，一九九五年，亦即台海飛彈危機前一年，汪道涵在會見曾任中華民國行政院新聞局長的邵玉銘時說：「解決香港問題可用聯邦，處理兩岸問題要用邦聯。」邦聯當然更是「大屋頂中國」。

以汪道涵的地位，可見「大屋頂中國」之類的想像一定也存在中共高層的某處思維之中，雖然潛沉隱沒，但存在，可待開發。

也就是說，大屋頂中國在藍綠紅皆有交集。

兩岸前景悲觀或樂觀

現在，在兩岸問題上常聽的問話是：樂觀或悲觀？

我應當是對兩岸前景尚存樂觀者，否則我對兩岸關係的這些論述就失去憑藉。兩岸前景仍有樂觀的理由，因為人類的發展終究是朝向「人性的本質與文明的方向」。中國未來也當如此，所以兩岸前景亦當如此。

就以中共的內涵來說，為了自我救贖，為了中華民族的偉大復興，我認為中共仍有變化氣質、脫胎換骨的可能性。

因為，中共雖曾有毛澤東，曾有文化大革命，但也有鄧小平，也有改革開放，可見中共亦有自我轉型的驚人能量。只要跟對了人，走對了路線。

鄧小平與毛澤東都證實了一件事：實踐是檢驗真理的唯一標準。世人必須承認，中共今日的成就是巨大的。因此，我屢以「為山九仞／百尺竿頭」來形容今日中國。這裡的潛台詞就是「功虧一簣／更上層樓」。這一簣，這一階，就是要一丁一點地為中國增添自由民主的元素。慢慢加，不要停。不要再回到馬克思、毛澤東，不要封頂，不要畫線。回頭不是岸。

我一再地說，中共不要再回到「馬列主義基本原理」，那是一條「死胡同」；而應當拿好手裡的「中國特色社會主義」，這是一只「開口的袋子」，進出自如。莫說這是玩弄文字，深意在焉。

從大背景來看，中共只要繼續操作靈活的「中國特色社會主義」，不要返回作繭自縛的「馬列主義基本原理」，中共就可能自救，中國就可能得救，兩岸也可能得救。

再從兩岸現實操作來說。習近平迄今仍是「和平統一」的壓艙石，主張「和平發展」、「融合發展」。他的「心靈契合的統一」，雖然只是七個字，但這七個字卻可謂使「和平統一」由意識論進入了方法論。這七個字可能顯現了他的抱負、信念、道德與境界。

當下，中共已將「一國兩制」對台灣下架，如何填補這個「兩岸論述大架構」的真空，可以寄以樂觀的期待。

倘若中共能以「心靈契合的和平發展」為過程論，而以「心靈契合的和平統一」為目的論，兩岸前景就有保留樂觀的理由。

因為，這就有可能與「在大屋頂中國下互統一」是同一指向。

就我來看，二〇一五年的馬習會就是兩岸在「一中各表」的重要試探，可徵此一路徑在兩岸皆有其潛在的可能性。

再就台灣言。台灣在國際「不支持台灣獨立」的局限下，法理台獨應當已可擱置。「內殺型台獨」必有走到底的那一天，屆時台灣社會就會逐漸領悟：在因應兩岸關係上，中華民國仍比台獨強。

民進黨應知利用在「恐怖平衡」下「中美僵和」的最佳時段，改變其兩頭落空的台獨路線。

所以，我們對兩岸前景仍有維持樂觀與希望的理由。

中共利用台獨　台獨利用中共

但是，不可諱言，當下悲觀的氛圍仍是壓倒性的，因此使人難以樂觀。主要的現象是，民進黨內受到「內殺型台獨」的制約，沒有扭轉兩岸操作的勇氣與能力，因此以「三只三不」綁架台灣，使兩岸完全失去和平競合的可能性。同時，台灣民眾又沉浸在民粹的迷幻中，不能跳脫台獨的綁架。那麼，就會一路走到黑。

「內殺型台獨」儼然是民進黨自己組裝起來的科學怪人弗蘭克斯坦，此一怪物已開始對民進黨及台灣內殺反噬。內殺型台獨挾持了民進黨，民進黨又綁架了台灣，致使兩岸關係暗無天日。

在此同時，台獨也使中共失去了其他選擇，因此可能將計就計，只要掌握「法理不可台獨／經濟不能脫鉤」兩要領，中共可能就繼續逼使台灣深陷作繭自縛的「內殺型台獨」之中，互鬥內耗但走投無路，不知所終。

如此，「內殺型台獨」不但使台灣自殺，也可以是中共「借刀殺台」的利刃，這就是將計就計。此種「借刀殺人」的想像，在本書〈出口或囚室？中共九二共識的兩手策略〉一文道出。

別以為中共怕台獨。也許中共樂見內殺型台獨鬥得不可開交，坐收台灣內鬥的漁翁之利。嘴裡反台獨，其實是冷眼看你台獨鬧到自取滅亡，這就是「不戰而屈人之兵」。台灣人恐怕沒想過，中共可能「利用台獨」，幫助台灣加工自殺。

台灣必須警覺，這可能才是中共對台獨的真正戰略。

倘係如此，台獨就是為中共作嫁。

反過來說，台獨也在利用中共。本書〈武統掩護台獨？忘掉武統，只能和平競合〉一文說，民進黨一面渲染中共的武力威脅，另一方面放大「九二共識沒有一中各表，沒有中華民國空間」的芒果乾（亡國感），搖身一變就成了抵禦武統的「中華民國捍衛者」。此一「以武統掩護台獨」的理論，信手拈來，全不費功夫。因此，正當化了台獨，也營造了「懼統容獨」的氛圍。

但是，這樣的台獨卻是作繭自縛。

若朝此一思路推理下去，兩岸前景就是悲觀的。我也是悲觀者。

兩岸前景悲觀是一個壓倒性的事實，但仍必須存有樂觀的憧憬。

樂觀悲觀。我認為，如果中共與台灣，兩方面都能維持中華民國，朝向大屋頂中國發展，兩岸關係就是樂觀的。倘若中共與台灣，只要有一方能用心保持中華民國

（特別是台灣方面），兩岸應仍有可以維持和平競合的樂觀。但如果中共和台獨都以消滅中華民國為目標，則內災外禍，兩岸前景必屬悲觀，兩岸關係必無善終。

國民黨無力撐持　使中華民國邊緣化

最後談一談國民黨的角色。

國民黨與中共及台獨的不同處，在持守中華民國，這其實正是站在中共與台獨的交集點上，是國民黨的優勢。但國民黨的問題卻是在中華民國的立場上竟然愈來愈退縮，愈懦弱，囁囁嚅嚅，不知所云，甚至視中華民國為政治原罪，彷彿不可告人。

國民黨若要在中共與台獨的夾殺下打開一條生路，就當聰明且勇敢地主張「中華民國不可消滅論」，中華民國不可消滅於台獨，也不能消滅於兩岸競合之中。

國民黨應主張：台灣以中華民國面對中共，而不是以台獨面對中共。台灣以中華民國面對美國及全世界，而不是以台獨面對美國及全世界。台灣以中華民國面對大陸十四億中國人，而不是以台獨面對他們。

國民黨以中華民國面對二千三百萬台灣人，而不會在台灣人面前主張「中華民國已經滅亡論／中華民國終將滅亡論」。

國民黨認為，對全中國，三民主義優於馬列主義基本原理；對台灣，「辛亥革命論述」的外擊性較諸「二二八論述」的內殺性，對台灣有益。

國民黨應站在「人性的本質與文明的方向」上，努力扭轉中華民國的被汙名化、被碎片化及被否定化，致力於重建中華民國的自尊與自信。

就過程論言，國民黨可主張「一中各表」（現在進行式的一個中國）。就目的論言，國民黨認為目前兩岸尚不具備統一的條件，但若言統一，應先確立「如何統一」，始能論及「是否統一」及「何時統一」，並必須經由台灣人民的「統一公投」。方向上應當是「互統一」，也就是「不消滅中華民國的統一」（共同締造論）。國民黨反對台獨，也反對「消滅中華民國的統一」，主張兩岸和平競合，互利雙贏。

國民黨應當相信，中華民國是兩岸定海神針，所以國民黨應捨我其誰、當仁不讓地撐持起這隻定海神針。

把中華民國視為政治包袱，視為原罪；而不知中華民國是政治資產，是光榮使命。這是國民黨不斷退縮、內捲的原因，也是日益衰亡的原因。

國民黨對中共軟弱，也對台獨軟弱。軟弱生於無膽無識，無膽無識因而撐不起中華民國。

軟弱無能，不能建立起肆應內外的「中華民國大論述架構」，是國民黨在兩岸愈來愈邊緣化的致命原因。然而，中華民國卻正是兩岸問題的中心點，是國民黨使之邊緣化了。

國民黨應當知道，必須使中華民國站得住，國民黨在台灣才站得住。如果太在意北京對中華民國的態度，連「一中各表」都守不住或不想守，就難以維持中華民國，國民黨也就站不住。

當中共與台獨皆選擇了「中華民國已經滅亡論」，國民黨唯一的選擇就是「中華民國不可消滅論」，也是最好的選擇。

這是一場「認同之戰」，也是「身分之戰」。

面對中共及面對台獨，國民黨皆應主張「杯子理論」：台灣是水，中華民國是杯；杯在水在，杯破水覆。

國民黨恐將滅頂，中華民國不是一根稻草，而是國民黨的諾亞方舟。

國民黨的搖搖欲墜，使中共與台獨失去平衡器，這也是兩岸前景難以樂觀的原因。

不過，倘若中共能覺悟到，續持「中華民國已經滅亡論」將使兩岸情勢趨向失控，則有可能改採靠向中華民國的路線，如此，台灣的台獨氛圍可受抑制，而反台獨的元素得以伸張，則國民黨的政治處境或可改善，出現轉機。

但仍要國民黨先有能力對內對外建立一套「中華民國大論述架構」，使台獨相信中華民國比台獨強，也使中共相信中華民國比台獨好，使中華民國站回兩岸定海神針的地位，才能扭轉情勢。

倘能如此，也許會有樂觀的契機。

為人類文明樹典範，為兩岸人民創救贖

本書表達了我的思想輪廓，也呈現了我的心路歷程。書成是我再學習的再開始，並請有緣閱讀此書的讀者賜我指教。

本書選輯了我在聯合報《大屋頂下》專欄的部分文章，時間從二〇二〇年蔡英文當選連任總統開始至二〇二一年九月。將同一議題的文章依時序編列一起，大部分涉及比較瑣細周折時事的文章皆已略去，以呈現一個比較清朗的架構。

本書分五部，讀者可先看每一部前面二百字的前言。兩岸關係應當是一場曼妙的探戈，是人性與文明的追求，不要玩過肩摔。這是本書的祝願。

因此，兩岸的終極解決方案應當是「為人類文明建立典範，為兩岸人民創造救贖」。

大屋頂中國下，容得下中華民國與中華人民共和國。現在正是如此，未來也可以如此。

關鍵在於：兩岸必須「心靈契合」。這是習近平說的。

因此，兩岸之間最重要的事就是：要讓中華民國定錨。

一粒沙的感恩　一座塔的憧憬

某夜，在本書截稿之際。我與施明德主席在網上聊起兩岸，有來有往。由於話題幾乎都落在本書的範圍內，我就把這篇長序（本文）電郵給他，請他指正，也等於延伸了我們的談話。

沒想到，一萬八千字的長文，他居然一口氣就在手機上看完了。然後來訊說：「眼睛花了，稍後再談。」

過了四十分鐘，電話來了。

我在二〇一三至一四年曾自始至終參與前文提到的施主席主持的「大一中架構」工程。三天兩頭在施府聚會，餐桌上常有主席最愛的烏魚子，所以彼此很知道對方的兩岸思想。

這次電話使我非常感動，看完長序，主席總結說：我們的歷史認知不同，但我同意你的結論。

那年，「大一中架構」也是出自一群歷史拼圖不同者的交集。

我突然很想他能把這個晚上的話說出來。因此對他說，來不及請您作序了，主席願意冠名推薦這本書嗎？以下是他的答案：

我願推薦此書。我和黃年兄有不同的歷史記憶與詮釋，但我同意他的結論：雙方處理兩岸問題應當定錨在中華民國，若持「中華民國滅亡論」，是背離史實與現實的。

施主席是美麗島事件總指揮，也是紅衫軍總指揮。施明德三個字，可說就是台灣兩大板塊的會合處，包括垂直的兩塊歷史板塊與水平的兩塊社會板塊。

這七十餘字，面對兩岸，出自他口，有一種「見山曾是山／見山不是山／見山又是山」的超脫，也有一種「曾經滄海難為水，除卻巫山不是雲」的透澈。

猶如悟道高僧撞擊暮鼓晨鐘，語重心長。

如果九死一生的施明德也這樣想，大家都可以這樣想想看。

謝謝施主席，永遠的總指揮。

張登及教授是五年級的學界菁英，承他賜序，殊深榮寵。登及兄在就讀台大政治系期間就創辦主持社團「大陸事務學會」及「蘇聯及東歐事務學會」，後來取得兩個博士學位，政治大學東亞所法學博士及英國謝菲爾大學政治學博士。專長在國際關係理論、國際政治、中共外交與安全戰略專題、中共黨史專題等。由以上簡歷可略見登及兄自學生時代即對兩岸研究情有獨鍾，因此成就了他今日在相關領域的淵博深遠。

因此，請登及兄賜序，固是向他請教，更在希望呈現他自己對兩岸問題的見解，以顯示兩岸思維的多元面向。

所以，我希望讀者在讀張序時，除了看他與我同意之處，請特別留意他不同於我及超越本書的觀點，這也是我對登及兄序文所最珍惜者。

例如，登及兄說：《此書》認為兩種「民國滅亡論」形同兩把鎖，需要上鎖者同時開啟方能破解台海僵局。無奈使上鎖雙方開鎖的誘因愈來愈低，美國的地緣政治利益似乎也支持「鎖死」。這又更難使北京同意對台灣獨派「圍城必闕」，以中華民國為緩衝。那麼鎖死下能否「帶病延年」？這恐怕要取決於《此書》說的台灣「外擊型」決策是否與北京的「自信」相撞。

登及兄的感喟也許是：大局丕變，時不我與。我的呼號則是：迷途雖遠，猶未晚矣。

我認為：即使困局不能解決，至少要弄清造成困局的原因是什麼。

本書非常榮幸列為遠見天下文化公司四十週年慶出版系列的第一本書。高希均創辦人及王力行發行人是我的人生導師。我的書在市場未必討喜，遠見天下文化出過我三本書，此次再承發行本書，深怕又「拖累」出版者，但高教授及王女士的提攜鼓勵，使我相信他們出書並不只是為了營收。遠見天下出版社在高教授及王發行人主持下，使得許多像我這樣的作者不必畏懼市場，而能勇敢地面對知識與信仰。在本書付梓之際，再向二位道謝並致敬。

本書截稿後，高教授囑我將全書體系製作一個思維架構的圖表，以呈現整體論述的邏輯程序。

高教授的建議轉為本書最後部分〈精心梳理／大屋頂中國思維架構〉的催生者，成了本書最精萃的單元。

幾十年來，我皆在報端發表看法，一篇一篇評論，不免零碎又難免重複，一直未曾做一系統化的梳理。高教授的囑咐，使我有了將整個體系的本末因果做一整理的動機，這是一個十分珍貴的機緣。

說來好笑，本書編輯過程中，我想到的是如何節省篇幅以降低成本。但高教授卻在截稿後囑我「加料」，陡然又添加了十幾頁。

從高教授給本書的序文看出，他是如何深入本書的內容，更是多麼地真情動人。我笑對他說：「高教授，您比我更投入！」

我的兩岸論述，受到最大的批評是恐怕不容於實際。但高教授認為，正因困於實際，所以必須超越實際。

高教授勉我倡議「兩岸競合學」。如今兩岸中重度參與兩岸議題者至少有數十萬人，其實已不用倡議。值得倡議的是，如高教授所說，兩岸議題不宜只由擁有政治權力者主導，而應有民間及輿論更廣泛更深入更自由的參與。如此，兩岸競合的契機就可能在集思廣益的眾人手中，而不僅在政治人物手裡。

因此，有心的讀者請勿遺漏書末的〈精心梳理／大屋頂中國思維架構〉，助我不辜負高教授的美意。

遠見天下文化出版社總編輯吳佩穎兄主持調度此書編印，敏銳、溫暖，與他工作是一種學習。張彤華小姐任編輯，大器且細緻。我不僅感謝，更是感動。

與我同辦公室的賀玉鳳小姐一個星期就將全書主體完成，其中的辛勤與情誼不是一句謝謝可以道盡。但仍要說：老戰友，謝謝。

依照儒家的想法，每一個人都活在大歷史之中。所以有「士不可不弘毅，任重而道遠」、「為天地立心，為生民立命」之類的思想，顯露出一種近乎浮誇的浪漫，但這卻使人生增加了許多夢想與意趣。

人生若能帶有一種「我是一粒沙／給你做成塔」的癡想，也許就能品嚐到這種近乎浮誇的浪漫。

人生應有做為一粒沙的感恩，也應有參與建造一座塔的憧憬。

兩岸十四億人應當共建的這座巨塔，就是：「為世界文明建立典範，為中華民族創造救贖。」

第一部

說好中共的故事

不是要推翻中共，而是希望中共改變。向前向上，不要向後向下。

甚至，只是希望中共至少不要給自己封頂，畫地自限，要留給自己及中國一個更上層樓的空間。

不要返祖馬列主義基本原理，不要復辟毛澤東，那是一條死胡同，回頭不是岸。可繼續操作「中國特色社會主義」，這是一只開口的袋子，進出自如。

先說好中共的故事，才能說好中國的故事。

足食，足兵，民主之矣

希望習近平看到此文

本文寫在二〇一八年中國人大修憲後，原載《總統大選與兩岸變局》。

中共十九大引領的修憲木已成舟，在各種議論中，似皆存有一種「集中權力辦大事」的想像，可謂對中共當局仍流露出若干善良的期待。

集中權力，中共除了欲使中國富起來、強起來，更重要的是應當辦兩件大事。一是如何處理過去，一是如何處理未來。

而且，在今日這個當口，中共「如何處理過去」，要比「如何處理未來」來得重要。

因為，中共若不能正確處理好過去，即不可能有正確的未來。

馬克思發明的重大政經謀略

先談如何處理過去。

中共過去（尤其是前三十年）的政治論述與政治實踐皆是誤蹈歧途。政治論述以馬恩列斯毛為主架構，實踐則表現在反右、三面紅旗及文化大革命等真實施政。

所謂處理過去，是指可以利用改革開放提升的統治實力為過去辯護，並重建過去的正當性，使中共及中國的未來仍植根於馬恩列斯毛的體系中。

但是，反過來，也可利用提升的統治實力，逐漸脫卸掉過去的政治包袱，以求中共及中國的脫胎換骨。

就此以言，中共在十九大後的表現著實令人駭異。政治局專案學習《共產黨宣言》，宣揚「五一口號」七十週年，又盛大紀念馬克思二百年誕辰，這些返祖行為誠可謂倒行逆施。

稱馬克思為「千年第一思想家」，謂「沒有任何理論比馬克思主義更具影響力」，這類說法皆有其局部的正確性。因為，馬克思在他那個年代點出了工業革命後出現的高度社會不公，其人道精神無可置疑。且他從經濟面向上看出了新興工人階級在政治鬥爭上的主體性與工具性，更是在政經運作謀略上的重大發明，影響至今。

馬克思是因為他入時代又劃時代又自成一家的獨特性，而成為「千年第一思想家」。

然而，成為人類另一主流政經體系的自由經濟及民主政治，相對於馬克思創造及衍生的共產專制體制，卻是由諸多先賢傳承接力數千年所創造的更偉大的文明架構。他們不像馬克思那般橫空出世，表現的卻是前後傳承與共同發展。

馬克思即使可稱「千年第一」，那是指他一家之言的獨特性，並不是指他對人類文明的貢獻是「千年第一」。

相反的，謂「馬克思主義最具影響力」，以一百七十年來的歷史實踐言，這應是指馬克思對人類世界所造成的災禍性影響力，就個別思想家言，無人能出其右。

統治階級與資產階級的複合體

馬克思主義的三大柱石是：暴力革命、階級鬥爭，及無產階級專政。

後來，運用在實際政治上，卻成了「共產黨一黨專政」的國家形態，且沒有一例不變成血腥暴政。

暴力革命，原是主張人民（或工人階級）有推翻不義政權的權利。但在後來的實踐中，人民對共黨一黨專政，非但再無暴力推翻的權利，甚至連基本的公民權與人權亦遭侵害剝奪。不僅如此，共產黨內的血腥鬥爭，使得即使在共產黨內部，亦無民主及法治可言。

馬克思將過去的「統治者／被統治者的鬥爭」的「官民鬥爭」，轉變為「資產階級／無產階級」的「階級鬥爭」，立即提升了工人階級在政治上的主體性。

但此一主體性，僅是出現在所有共產政權在暴力革命時期的動員號召中。及至建立政權後，即可發現這其實只是共產黨利用了無產階級做為奪取政權的工具而已。主體性遂變成了工具性。

馬克思主張國家及階級（與無產階級政黨）終將死滅，而以無產階級專政為「過渡」體制。但在政治實踐中，人民「暴力革命」的權利不復存在，只是呈現了共產黨的「暴力統治」。且國家不但沒有死滅，反而成了一黨專政的專政對象。

「資產階級／無產階級」的對立關係，至此又完全變成了「統治階級／被統治階級」的對立關係。

尤其，一黨專政的共產黨，儼然變成「統治階級／資產階級」的複合體，成為雙料的操控主體。

及至共產統治階級的第二代以後，統治者已然完全沒有代表「無產階級」的身分，竟也搖身一變成為「權貴資產階級」，在政治及經濟上皆成為特權。

因此，所謂的「無產階級專政」，已變質為「共產黨政經特權階級專政」。

於是，政治鬥爭遂變成「永不可推翻的統治階級 vs. 永不能翻身的被統治階級」的鬥爭。

這是十八世紀民主人權啟蒙運動的大反動。已不是馬克思初心想像的人道主義烏托邦，而是已經被證實為禍害了億萬生靈及使人類文明創鉅痛深的曠古滔天罪孽。

這樣的馬克思，直可謂是「千年禍害第一人」。

在一百年前（俄共）或七十年前（中共）推崇馬克思，由於人道的煽惑，也許是良有以也。但若於今日在血淚實踐後仍以馬克思為師表，則已可謂全無政治理智可言。

至於中共在過去對馬克思主義的實踐，亦是完全經歷了前述的種種實況，甚至如文革更是變本加厲。這些不幸，如今皆仍歷歷在世人的記憶中，無庸贅述。

因此，論及如何處理過去，究竟是再對過去馬克思主義及中共的政治實踐加以正當化甚至鞏固化，或回過頭來設法有序漸進地擺脫二者的捆綁，使得中共及中國能脫胎換骨，甚至華麗轉身？何去何從，必須慎重。

想經濟發展就不給民主政治

再談如何處理未來。

孔子說：「足食，足兵，民信之矣。」

以人類普世文明及國家建設的終極歸趨而言，這句話如今可以說成：「足食，足兵，民主之矣。」以今世語言說，「民主」就是「民信」。

用中國大陸的流行語來說，這就是「中國站起來／中國富起來／中國強起來」，接下來，就應當是「中國民主起來」。中共四十年的改革開放，已經庶幾使中國足食足兵，但如果不走到「中國民主起來」的那一天，就無可能使「中國偉大起來」。

回頭來檢驗馬克思主義的實踐。馬克思在工業革命的病態社會中，對勞動階級的憐憫，確實觸動了人道關懷的巨大動能。但在歷史實踐中，今世改善了勞動階層生活的實績，率多出現在自由經濟、民主政治的體制下，而非往昔共產黨的專政國家。例如，北歐的民主社會主義及福利國家的成績。又如，台灣的健康保險已成舉世模範，亦是實現在自由經濟、民主政治之中。在這些範例中，無產階級既有福利，又有民主。證明了沒有馬克思，更可以實現福利國家。

自由經濟、民主政治的自我糾錯能力是可以期待的。例如，美國羅斯福總統的新政，及凱因斯主義，皆已加入了社會主義及計畫經濟的元素，影響迄今，以致如今已無馬克思時代所謂的「資本主義」。此中最重大的成就是，這些成績皆是在民主政治中實現，不必依恃假「無產階級專政」為名的一黨專政，而可謂是一種「福利國家（社會主義）加民主政治」的成就。

尤其，民主本身，就是最珍貴的人權福利。

相較之下，共產黨的一黨專政姑不論其在經濟發展上皆有重大瓶頸，更重要的是它居然是一種「想經濟發展就不給民主政治」的方案。但是，如果「無產階級專政」就是「無產階級們」連「一人一票」的權利都始終沒有，這種體制值得永遠存續嗎？又豈可能永久存續？

兩百年後，馬克思當年痛罵的「資本主義」大多已走向「福利國家」。因而，兩百年後，竟仍以馬克思主義為原教旨聖經，寧非怪事？

馬克思主義天生內建了法西斯主義。若今日仍主張以馬克思主義治國，其實等於堅持以法西斯主義治國。

難道，中華民族的偉大復興就是馬克思主義的班師回朝？

爭取下跪的機會

其實，中共並非不曾處理過轉型的問題。

早年，天安門上馬恩列斯四人的頭像並列，如今已卸去；遊行中，馬恩列斯的頭像並舉，如今已不復見，或只留下馬克思。這些都可視為欲使馬列體系「淡出」的嘗試。

亦因此，十九大後竟然使馬克思猛然回潮，不能不令人駭異。另外，改革開放後已將文革定性為「十年浩劫」，如今教科書卻出現了欲洗白文革的企圖，謂為「十年探索」，亦令人不解。

中共若謂不能因前三十年否定後三十年，但也沒有理由因後三十年而肯定前三十年。

改革開放的動力正是來自對前三十年的反省，不能因改革開放提升了統治實力，而回頭欲將統治基礎再建立在馬克思與毛澤東之上。

改革開放正是為了走出馬克思與毛澤東，如今沒有理由再回到馬克思與毛澤東去。一九七〇年十二月七日，西德總理布朗德在華沙猶太區起義紀念碑前下跪。其實，想像中，中共領導人某日亦應當向受到馬克思主義及毛澤東思想傷害的中國人民下跪。這未必就是在形體上實際雙膝落地，而是真正的努力贖罪，以修補歷史正義的創傷。中共應為自己爭取這個下跪的機會，並希望在跪下後中共仍有機會在民主體制中以民主政黨的身姿重新站起來。

其實，在中共十八大以前，文革的浩劫論，毛澤東功過的開切，及改革開放，就是中共將功贖罪的一種跪姿，也是中共自救救國的一種覺悟。中共應珍惜這個姿勢，也應維持這個覺悟。

但是，如果中共又要回到馬克思與毛澤東，它必將失去脫胎換骨的機會，而中國歷史與世界文明也失去了協助中共轉身的可能性。

也就是說，好不容易辛辛苦苦改革開放四十年，不要突然又給人一種圖窮匕見的感覺。

難道以後也永遠不行嗎？

其實，中共一直好像仍有民主化的嘗試。

例如，在社會主義十二項核心價值觀中，仍保留「自由／民主／平等／法治」等德目。又如，在中華人民共和國憲法中，言論、出版、集會、結社的自由，仍然標榜為公民基本權利。習近平經十九大連任國家主席的誓詞亦揭櫫：「為建設富強民主文明和諧的社會主義現代化強國努力奮鬥。」

也就是說，中共如今的專政方案，若皆視為「過渡」的必要之惡，這也許可以理解，但其終極政經目標不能不包含「民主、自由、法治、人權」這些永恆普世價值的必要元素。

中共可以一時間做不到，但千萬不能信手給中國塗掉這些目標。

現在不行，難道以後也永遠不行嗎？

國家若不能如馬克思所預言必趨死滅，中共就遲早應將國家還給人民，不能也不可能由共產黨永遠「專政」與「過渡」。

試想：中國這樣一個大國，如果永遠是一個「馬克思／毛澤東」國家，永遠以「低人權／低民主」的樣態存在於世界，這對人類整體文明的傷害有多大？給中國在世人民及未來子孫的「維穩」剝奪又有多大？何況，低人權能永遠嗎？低民主能永遠嗎？

因此要問：現在不行，難道永遠也不行？

就終極歸趨言，中共應當努力從「有中國特色的社會主義」，轉向「有普世價值的中國方案」，其中無論如何不能不包含「民主」。

再看，三民主義的正統排序是「民族／民權／民生」，但今日中山陵正殿拱門上三組鐫文的排序則是「民族／民生／民權」。

何以有此出入，此處未考。但此一出入，對中共治理的路徑邏輯似乎是個提示。

中共一路走來的路線不是「先民權／後民生」，但仍然不可迴避「先民生／再民權」。

亦即，你可以先「民生」，但終究不能不交出「民權」。

不要破罐破摔自暴自棄

中共應拾階而上，克難而上，更上層樓。應當有「雖不能至，心嚮往之」的自勉自勵，不可有破罐子破摔的畫地自限與自暴自棄。

尤其，不能讓淺薄短視者操縱意識形態工作，不圖上進、自甘墮落，開歷史倒車。

中共走向未來，必須重建治國論述的正當性。應當自孫中山、辛亥革命與三民主義中尋找連結。應該從「毛澤東的共產黨」，走向「鄧小平的共產黨」。尤其，應當嘗試與中國固有文化接軌。

馬克思與毛澤東與上述這些元素，若非形似神異（例如不要把共產主義比作《禮運大同篇》，因為《大同篇》不主張階級鬥爭），即是背道而馳（例如毛的思想與實踐）。如果中共欲重建治國論述，竟又再回到馬克思與毛澤東，恐怕就是重蹈覆車之轍。

為了維持一黨專政，中共或須回頭抱住馬克思與毛澤東。但是，中共若存必須以民主化來自救救國的一念，就要使馬克思與毛澤東「淡出」，並使孫中山、鄧小平與中國固有文化「淡入」。這樣才能找到「處理未來」的正確路徑與動能。

中共跪下去，中國站起來。

心所謂危，不敢不言。

前功盡棄　負盡前人

其實，過去在臨近十八大的時際，中國（中共）幾乎一隻腳已經跨出了馬克思與毛澤東。豈料，至十九大竟又走了回頭路。可謂前功盡棄，負盡前人。

即使退一萬步說，請問：誰有權主張，所謂「有中國特色的社會主義」，竟然就是「馬克思主義加毛澤東思想」！

誰能回答這個問題？誰能逃避這個問題？

在中共如今體制下，共產黨內及中國大陸社會中已聽不到第二種聲音。海外華人的議論，往往帶有革命思想，亦不容於中共。

但此文出自台灣，可謂仍然存有「兩岸命運共同體」的想像。

本文的語氣或許尖銳，但心中充滿期待中共轉型自救的善意，而絕無敵意。因為，唯有中共能自救，始能救中國，始能救兩岸。

中共在馬克思毛澤東處不可能找到中國的出路，當然也不能找到兩岸的出路。

若要改走另一條路，中共當然跋涉不易。但為了中共自救、救中國，任何人都不可如此輕率地對中華民族剝奪掉這個正大的目標。那就是：足食，足兵，民主之矣。

百年中共的「救與贖」

三個面向

中共宣示，「祖國統一是新時代中華民族偉大復興的必然要求」。世界大局將決定於美中對抗，而美中對抗又決定於台灣問題。台灣問題遂成中共的核心課題。

因此，中共說的「中華民族的偉大復興」，應有三個面向：一、復興的中國如何實現內部治理？二、復興的中國如何面對世界？三、復興的中國如何處理台灣問題？中國要復興，必須全面如願完成這三個面向。

就當前的進展而言，中共的內部治理堪謂頗著績效，但前總理溫家寶最近仍嘆「我心目中的中國應該是一個充滿公平正義的國家」，可見第一面向仍多缺陷。何況，這種以低民主、低人權為代價的治理方式，在文明表現上受到世界質疑，更被台灣抵拒，恐怕不易實現偉大復興的第二及第三面向。畢竟，「偉大」，絕不只是「強大」而已。

因此，問題就要回到中共在內部治理的品質與境界的高下。若要做到中華民族的偉大復興，首先要實現中國共產黨的自我救贖，也就是必須先從第一面向的升級與完善做起。

回顧既往，毛澤東最後的結局幾乎是亡黨亡國。四十多年來的改革開放，就是中共自我救贖的過程。

救，是使中共不亡；贖，則是對國家及民族贖罪報答。中共目前的成就，或可救共產黨於不亡，這只是第一面向的起步；但若說要對國家民族贖罪報答，使中華民族在人類文明中站上「偉大」的地位，則還很遙遠，這就牽涉到第二、第三面向。

為山九仞，功虧一簣。中共若要從「救」邁向「贖」的境界，就必須仍將「自由／民主」注入發展過程之中，並懸在追求的目標之內；不要畫地自限或自暴自棄，而仍應盡量體現自由民主的治理內涵。因為，自由民主是人性的本質，也是文明的方向，其中存有真正的「偉大」。

至少應如楊潔篪說，「中國有中國式的民主」。且讓世人看看「中國式的民主」

如何向人類文明交代，不容拜登說「習近平骨子裡沒有民主」。畢竟，這是建黨百年的中共應有的自我期勉。

首先，應從重建政治論述架構做起。也就是要再回到「有中國特色的社會主義」，而不要再說什麼「要做廿一世紀的馬克思主義者」。

馬恩列斯毛的傳承，在理論及實踐上已被證實為災禍。憲法標舉無產階級專政，如今卻完全是清一色「有產階級紅色特權官僚專政」，更接近法西斯主義，其實是掛羊頭賣狗肉。何況，這種馬克思主義的論述，只能招致國際質疑，也使內部的目標理念錯亂。

「有中國特色的社會主義」，不必揹負任何教父與教條，有如一個可任意出入的「任意門」，原本就是要跳出「馬恩列斯毛」的捆綁，如今好不容易有了這個自立門戶的話語體系，為何又要將自己綁在馬克思的墓碑上，不啻宣告永遠拒絕自由民主，這就限制了中華民族的「偉大」。

亦因此，中共也應從「毛澤東」淡出，並逐漸添加「鄧小平」的元素。中共要走出來，不能縮回去，以在世人及人民心中建立一個勇於糾錯、力爭上游、具有革新意識，甚至可能脫胎換骨的新形象。

這種新形象，有助於中共從「救」轉到「贖」。應可改善內部治理的內涵（第一面向），也可降低國際的疑懼（第二面向），亦必有利於處理對台關係（第三面向）。也就是說，內部治理境界、國際地位及兩岸關係三個面向其實有貫通之處。

因此，這就涉及兩岸關係。由於中共仍是一副「廿一世紀的馬克思主義者」的姿態，引起國際疑懼（至少成為圍堵中共的藉口），也因此迅速抬升了台灣的戰略角色。於是，兩岸問題愈來愈成為國際問題。三個面向，因此貫通。

兩岸問題國際化繫於兩大因素。

一、文明及制度的衝突：台灣抵拒中共的主要理由是護守自由民主，這也是「人性的本質／文明的方向」，國際因自由民主而守護台灣，有了正大的理由。

中華民國是中國五千年來唯一實現的民主政體，中共應當在不消滅中華民國之下化解兩岸關係。因為中華民國並未背離「中國」，而且是自由民主的「中國」，中共完全沒有「弔民伐罪」的資格。

至於一國兩制，香港是覆車之轍。以香港為證，兩岸不可能「一國兩制」，應在維持中華民國下，體現「大屋頂中國兩治」。

二、地緣政治：由於國際對中國（共）崛起的疑懼，遂更加重視台灣的戰略地位。從近兩年的發展來看，已經不是台灣求援於國際，而是國際主動來拉攏台灣，甚至有使台灣不能擺脫的趨勢。此一走勢可能使台灣的分離勢力更形滋長，雖不至於鬧法理台獨，卻會使「去中華民國化」愈演愈烈，則欲求「大屋頂中國」亦不可得。

兩岸問題加劇加速國際化，也使中共愈來愈不能訴諸武統。本文認為，當前劍拔弩張的氛圍，其實正是各方不願形勢發展至戰爭的表態。尤其，習近平若存理智，應當仍主張「心靈契合／和平發展」，絕不可以殺人流血武統台灣為其歷史職志。那可能是政治自殺。

因此，如喬良等人甚至主張統一台灣應與中華民族偉大復興脫鉤，尤其不能輕言武統。但兩岸關係確實是中共必須處理的核心問題，即使不能統一，也不能坐視中華民國變質異化。倘致如此，就是中共兩岸操作的徹底失敗。

以本文的觀點言，欲穩定兩岸關係，也應從「三個面向」著手。首先中共應當在治理過程及治理目標上逐漸增加自由民主的元素（第一面向），以改善國際對中共的認知（第二面向），進而促進兩岸心靈契合，在和平發展下，共創兩岸終局解決的雙贏方案（第三面向）。

亦即，中共從「救」到「贖」的完成，就是三個面向的完成。中共若走到「贖」

的境界，兩岸問題必能產生解決的條件。但若不能走到「贖」的境界，則恐怕甚至不能確保「救」的成果。

不過，上述的構想，必須以台灣不搞法理台獨且不狂妄「去中華民國化」為條件。倘若要搞法理台獨或根本毀了中華民國，就會授中共以「弔民伐罪」的理由，挑起十四億人的仇恨，或就另當別論了。

至於如何為兩岸和平競合創造條件？即是《大屋頂下》屢申的「過程論的重要性高於目的論／非統一狀態中和平發展的重要性高於強求統一」。過程論須建立在「兩不路線」上：

「我不台獨，你不消滅中華民國。」

「你不消滅中華民國，我不台獨。」

二〇二一年五月十六日

回頭不是岸

百年中共的反省與返祖（上）

七月一日，中國共產黨建黨一百週年。今天的中國是迅猛崛起的世界強國，但今日的中共仍是中心價值理念相當迷惘和虛弱的政黨。若說這是一個外強中乾、華而不實、外弛內張的局面，可受公評。

百年中共概略可分四個階段。

第一階段，自一九二一年建黨至四九年建政，歷時二十八年。建黨時為民國十年，民國混亂，社會充溢救亡思想。一九一七年俄國十月革命帶來的幻想是，可以將民權革命的政治民主與民生革命的經濟公平同步達成，畢其功於一役（蘇共的前身即是「俄國社會民主工黨」）；中共響應蘇共，因此，政治民主與社會公平或可視為中國共產黨的初心。一直到內戰，中共仍然堅持政黨政治、言論結社自由、工會與罷工、普選、議會政治、軍隊國家化等民主政治元素，加上土地改革等經濟訴求。此一階段，可視為中共給中國的敲門聲。

第二階段，自四九年建政至七六年毛死。這個階段的大走勢是，民主承諾跳票到一毛錢也不剩，經濟則因公有化、集體化等操作，出現人吃人的悲劇。這二十七年間，整個中共的內涵可謂只有兩個字：鬥爭。階級鬥爭，權力與路線鬥爭。

第三階段，四人幫下獄後，自七八年鄧小平推動改革開放約至二〇一八年中共十九大前。這個階段的主旋律是擺脫馬恩列斯毛。貓論，就是說馬恩列斯毛抓不了耗子了。摸石頭過河，就是馬恩列斯毛我們跟錯人了。改革，就是要對付腐敗。開放，就是要打開封鎖。第三階段這四十年，一言以蔽之，就是跳脫馬恩列斯毛，以「中國特色的社會主義」打開一條生路。此一階段的中共，可謂是痛心反省的中共。

第四階段，自二〇一八年中共十九大至今。這個階段啟幕之時，改革開放創造了人類歷史上最迅速豐碩的改革成就，也使中共有了高喊「中華民族偉大復興」的底氣。但改革開放的事功未竟，自當以深化改革開放來邁向中華民族偉大復興，而應當不會有人主張再回到馬恩列斯毛，要在同一塊石頭上摔兩次。但是，十九大修憲取消國家主席任期限制，宣示要做「廿一世紀馬克思主義者」，甚至粉飾文革，這卻好像要走回頭路，要以馬克思毛澤東為偉大復興的指引及內涵。

人們開始警覺：這第四階段的中共，是否正在返祖。中共「回頭」了，回頭是岸嗎？

前文說，中國已是世界強國，但中共在價值理念上仍然迷惘虛弱，就是指這種「反省vs.返祖」之間的擺盪。

五月十六日《大屋頂下》說，中共不能再回到馬恩列斯毛，而應繼續在「中國特色社會主義」下，甩掉一切教父及教條，再改革、再開放，來救中共自己，救中國。

馬克思本人的思想體系本來就有許多不同的階段及面相，而所謂的「馬克思主義」，經恩列斯毛等的發揮及實際操作更已血肉糜爛。中共若要回到馬克思，請問是要回到哪一種馬克思？

例如，馬克思初起時，主張「民主社會主義」。當時的民主政治，連普選都沒有，工人階級沒有民主地位。因此早年的馬克思主義者皆主張普選、工會與罷工、政黨政治（工黨）、議會政治，甚至稱讚美國的人民持槍權，認為是民主的真正表徵。請問：中共是否欣賞這樣的馬克思？

至於馬克思主義的終極理想，則是要消滅一切政治機器，包括消滅國家、政府、政黨、階級（也是政治機器）等，被視為無政府主義的一支。請問：中共是否追求這樣的馬克思？

如上所論，馬克思的「初心」（民主社會主義）是騙局，其終極理念（國家死滅）也是騙局。因此，馬克思主義的真正實踐，就成了掐頭去尾，只剩下中間那一截，也就是馬克思主義的三大元素：暴力革命、階級鬥爭與無產階級專政。再請問：中共是否真要公開主張及實踐這樣的馬克思？

中共贊成暴力革命是人民的權利嗎？或是要回過頭去再公開張揚階級鬥爭及無產階級專政？回頭即知，毛澤東是公開主張及真正實踐這三大元素的。

在歷史實踐上，所有的馬克思主義政權幾乎都有四段宿命：一、反對私有制，但集體化使經濟崩潰。二、政局混亂，社會反抗，當局認為是政治統治不嚴所致，因此加強專政。三、加強專政，社會的反抗升高，危及政權。四、最後，統治的主要目的就赤裸裸地變成了只是維護政權。文革的毛澤東及今日朝鮮，均為顯例。

中共今天仍要標舉馬克思，難道是已經進入這第四段的宿命：統治的主要目的變成了只是維護政權。

一九二一年，中共建黨是因俄國十月革命的召喚，可謂仍有「民主社會主義」的初心。四九年建政後，已見蘇聯斯大林血腥統治的殘暴與失敗，中共仍敬附驥尾，則是盲目。如今，經改革開放四十年好不容易擺脫馬恩列斯毛，卻忽然又見中共作勢要返祖馬克思，這是否匪夷所思？

中共應當知道，今日中國的成就，主要就是因為拋棄了馬恩列斯毛的捆綁。改革開放可說是全體中國人的選擇與努力，也可說是因全民致力改革開放而救了中共，因此中共不能為改革開放封頂。如果現在中共又要走回頭路，可謂是白白糟蹋了全民受盡馬恩列斯毛蹂躪的慘痛代價，怎麼對得起天下人？

何況，以今日中國的成就，其實已有為山九仞及百尺竿頭的態勢，繼續以「中國特色社會主義」的靈活思維力爭上游，或許就能使中共與中國更上一個台階。改革開放走到今天，真的得來不易，中共要為中國爭氣，不要功虧一簣。

反省，不要返祖。

在台灣民主轉型的年代，《聯合報》曾主張：勇敢渡河，勿上錯岸。

那就是：台灣面對民主大河，必須勇敢渡河，但勿上錯了台獨的岸；台灣面對修憲的大河，勇敢渡河，但不要上錯了毀憲的岸。遺憾的是，台灣顯然因上錯了岸而陷今日困境。

如今，也可正告中共，中國正在搶渡改革開放的大河，勇敢渡河，但千萬不要上錯了岸。尤其，倘回頭到馬恩列斯毛，那絕不是改革開放初心的彼岸。

中共若回到馬恩列斯毛，是倒行逆施，也是自暴自棄。不啻就是要為改革開放封頂，畫地自限。此與習近平最近所說「塑造可信、可愛、可敬的中國形象」完全背道而馳。

回頭不是岸。百年的中共萬萬不要走回頭路，不要辜負了因馬恩列斯毛而吃盡千辛萬苦的幾代中國人。

二〇二一年六月二十日

回頭不是岸

百年中共的反省與返祖（下）

「共產主義」四字，原是中國共產黨一面偉大光明正確的大旗。大半個一九五〇年代，中國大陸充溢著「跑步進入共產主義天堂」之類的口號。雖是政治操作，但也可見中共當年對共產主義的自信與自豪。

但政經悲劇相繼發生，「共產主義」四字也逐漸被「社會主義」四字取代，「共產主義」慢慢變成上不了檯面的字眼。至六〇年代的文革，以「姓資還是姓社」為鬥爭主題，已見連「社會主義」也陷爭議。最後，觸動了改革開放，更是不論黑貓白貓了。

改稱「社會主義」，正因要迴避已經汙名化的「共產主義」。在今日中國大陸，除了仍稱「中國共產黨」外，已極少聽到或看到「共產主義」，而皆稱「社會主義」，或「社會主義初級階段」。這個數十年來大趨勢中的小變化，明顯呈現了「共產主義」在中國的消長。

社會主義是泛稱，比如北歐的「福利國家」是「民主社會主義」，但不是共產主義。而馬克思主義雖也自稱是「社會主義」，但只有馬克思主義等於共產主義，是共產主義的正宗，可稱「專政社會主義」。因此，當中共諱言「共產主義」而以「社會主義」洗白，顯示這是一個涉及「體面」的問題。甚至曾有「中國共產黨」要不要改名的議論。

本文將這個細緻而重大的歷史變化，以這種微觀的視角來呈現，是想指出：如果中共經幾十年的「艱辛探索」已走進了「社會主義」，則如今何必又回到「馬克思主義」？

百年的中共顯然想要為這個黨及國家再豎立一面大旗，因此有「要做廿一世紀馬克思主義者」的宣示。但本文（上）篇指出，中共其實做不到馬克思「民主社會主義」的初心，也不可能實現馬克思「國家死滅」的理想，更不可能再公開主張「暴力革命／階級鬥爭／無產階級專政」的「馬克思三元素」，則中共要返祖馬克思，意欲何為？

因此，本文認為，中共何妨就站在「中國特色社會主義」上，不要輕易移動。因為，當年說的就是「有中國特色的社會主義」（社會主義中國化），而不是「有中國特色的共產主義／有中國特色的馬克思主義」（馬克思主義中國化）。這個「有中國特色的社會主義」，出入自如、收放自如，可以甩掉共產主義的汙名，亦可不受馬克思主義的捆綁，因此為改革開放提供了一個意識形態與實踐操作的「任意門」。

人類文明進化到今天，一切基本教義派（原教旨）都呈現出破綻及病症，因此人類如今的一切體制操作已經都變成了「雞尾酒式」。

例如，資本主義原教旨，已被凱因斯、羅斯福新政、福利國家等等變成了一杯雞尾酒。而馬克思主義在理念上以人道主義出發，卻在實踐上以紅色納粹法西斯主義告終，因此必然不可大也不可久；而「中國特色社會主義」其實也是一杯雞尾酒，裡面雖仍有馬克思，卻已卸下了共產主義或馬克思主義的原教旨。現在的問題是：中共要不要把這杯「有中國特色的雞尾酒」重新公開正式命名為「廿一世紀的馬克思主義（共產主義）」？

其實，如果共產主義的初心是人道，則中共扶貧在「中國特色社會主義」中就能輕易找到道德根據，不用假托馬克思。如果共產主義的特徵是專政，則中共想要加強威權治理，也不難在「中國特色社會主義」中找到處方，不必假托馬克思。

而且，既是雞尾酒，現今的優秀福利國家，皆是社會主義加民主政治，但為什麼馬克思主義若也是社會主義（如今已異化為「中國共產黨的資本主義」），卻要抵死拒絕民主政治？

社會主義就不能民主政治嗎？

關鍵是在中共究竟還要不要為未來中國保留一分對於自由民主的念想與追求。因為，「中國特色社會主義」是個任意門，它不畫線、不封頂，因此也為中國朝向自由民主保留了一個可能性。但是，返祖馬克思卻不啻形同向世人宣告中共永遠拒絕自由民主，這不但是中共作繭自縛，也將中國未來的文明發展封了頂、畫了線。

中共目前的治理績效可謂相當成功，甚至舉世皆稱專制確有較民主勝出之處。以印度與中國的現況相比，尤是洞如觀火。確實，中國方案在現實操作上著有績效，但自由民主畢竟是人性的本質與文明的方向。何況，中國改革開放至今，眼看就能到達為山九仞、百尺竿頭的關頭，若有逐漸增添自由民主內涵之日，則不啻就是功在一簣、更上層樓。亦即，自由民主即使不在今天，卻可寄望於中國的未來。那麼，為何要返祖馬克思，作繭自縛？中共返祖馬克思，其實是做小了自己，自暴自棄。

中共至少必須說：自由民主，不是現在就有，但也不是永遠沒有。

一般反共者會主張推倒中共。但如今的中共已不易推倒，且自信推不倒，因而必須寄望於中共自己努力變化氣質，提升自己。

偉大復興絕不是回到馬克思，偉大復興更絕不能靠馬克思。四十餘年來改革開放，其實只是源自「小崗村」十八名村民的一紙生死狀，那紙生死狀其實就是自由民主的真諦，也就是人性的本質與文明的方向。村民比中共覺悟得早，也啟迪了中共，這一切皆因當時的「馬克思主義／毛澤東思想」已經糜爛而發生。

回到馬克思，不如回到小崗村。

依五月十六日《大屋頂下》「三個面向」的說法，中共返祖馬克思，將有害於內部治理、國際處境與兩岸關係。尤其，中共若要返祖馬克思，憑什麼說服台灣？

未來的中國，必須建立一種道德的追求與文明的嚮往。中共曾經批孔揚秦，但如今卻四出廣設孔子學院，而非秦始皇學堂。可見，人性是有本質的，文明是有方向的。同理，中共如今要返祖馬克思，也必須思考人性的本質與文明的方向。

因為馬克思主義的實踐拒絕了自由民主，所以馬克思不配做中華民族偉大復興的指引。

準此，台灣保全了中華民國，可說為中國文明保全了自由民主的一席之地。中共若承認自由民主仍是未來中國的應有追求（雖然今天做不到），即更應為中華民族而尊重珍惜自由民主的中華民國。中共若對人性的本質與文明的方向存有敬畏，就知應如何處理兩岸關係。

返祖馬克思毛澤東，就是為中國的未來封頂。這不是百年的中共應當向全體中國人及世人宣示的政治抱負與文明追求。這不是光榮，而是恥辱。

回頭不是岸！

二〇二一年六月二十七日

說好中共故事（上）

沒有鄧小平　中共無今日

本文分上、中、下三篇，核心思想是期望中共繼續推升鄧小平一代啟導的維新變制、改革開放。

七月一日，中國共產黨百年黨慶大會在天安門舉行。開場前，以〈沒有共產黨就沒有新中國〉一曲合唱暖場，穿雲入霄。

「沒有共產黨就沒有新中國」、「沒有共產黨就沒有村村流血、戶戶鬥爭，造成上百萬人非自然死亡的土地改革」、「沒有共產黨就沒有引蛇出洞的反右整風」、「沒有共產黨就沒有爹親娘親不如毛主席親」、「沒有共產黨就沒有土高爐大煉鋼」、「沒有共產黨就沒有人民公社」、「沒有共產黨就沒有活活餓死四千萬人的大饑荒」、「沒有共產黨就沒有文化大革命」、「沒有共產黨就沒有數千萬人被戴帽插牌遊街」、「沒有共產黨就沒有劉少奇橫死及林彪墜機」、「沒有共產黨就沒有四人幫」……。

中共一直說「說好中國故事」，但必須先「說好中共故事」。百年黨慶就是要做這件事。

習近平談話的主軸是「中國站起來／富起來／強起來」。但從前述中共的斑斑史實，可見在這「站／富／強」的三部曲中顯然遺漏了一些重要的過程。整個故事的發展應是：「中國站起來／跌下去／醒過來／爬起來／富起來／強起來。」

說好中共故事，必須說好「跌下去／醒過來／爬起來」的過程，不能閃避。

習近平黨慶談話要群眾思考「我們為什麼能夠成功？」但他顯然閃避了更應記取「我們為什麼曾經失敗到幾乎亡黨亡國？」不弄清楚為什麼「跌下去」，就忘了是怎麼「醒過來」的，更不知道是怎麼「爬起來」的。

中共正在重整已經錯亂不堪的政治譜系及道統。如今的決定似乎是返祖馬克思毛澤東。毛澤東曾說「我是秦始皇加馬克思」，則展開後的馬毛譜系傳承應當就是：秦始皇↓李自成（看昌平的英雄銅像）↓洪秀全（以上二人皆毛師法的農民革命先驅）↓孫中山（中共自詡為最忠實的繼承者）↓馬克思↓列寧↓斯大林↓毛澤東↓鄧小平↓習近平。

從這個譜系看，毛澤東與鄧小平的繼替是中共命運的主要拐點。毛澤東真正的成就在領導內戰勝利，使「中國共產黨站起來了」。但當他死時，幾乎已亡黨亡國，「中國」其實終毛澤東也沒有「站起來」。因此，毛澤東的中共歷史，其實是「我們為什麼曾經失敗」的歷史。失敗於他的馬克思、列寧、秦始皇、洪秀全，終使中國「跌下去」，重跌得幾乎亡黨亡國。

鄧小平一代的維新變制是歷史的拐點。由於葉劍英、汪東興等人組織的懷仁堂事件，與鄧小平、胡耀邦、趙紫陽等引領的改革開放，摸著石頭過河，逐漸使中國「醒過來／爬起來／富起來／強起來」。而鄧小平一代之所以能成為「我們為什麼成功」的主要原因，就是好不容易地以「不論黑貓白貓／不論姓資姓社」，甩掉了馬克思、毛澤東、秦始皇、洪秀全。

習近平黨慶談話：「改革開放是決定當代中國前途命運的關鍵一招。」這是承認了鄧小平是中共命運的拐點。

但是，眼前面對的景象卻是：中共因為馬毛譜系而「曾經失敗」，如今竟回過頭去欲以馬毛譜系解釋「我們為什麼成功」，甚至表態要返祖馬克思毛澤東。寧非怪事？

其實，從前述政治譜系看，甚至可以說：沒有鄧小平，就沒有毛澤東。

前述毛澤東死亡時已呈亡黨亡國的危機，若非葉劍英、鄧小平等力挽狂瀾，恐怕中共已經敗亡，則如何還有今日的毛澤東？而毛澤東尚倖存於今世，直接原因亦是鄧一代對毛的「七三開」，這其實是中共要續命的高明政治技巧，但若因毛澤東並未被鞭屍，就把「我們為什麼成功」歸功於毛，這就失去了理智。

習近平黨慶談話九度提到「以史為鑑，開創未來」。中共今天最大的課題即在：應當如何以馬克思與毛澤東的歷史「為鑑」？

毛的歷史評價被歸於希特勒及斯大林一類。但毛與斯的身後處境與希特勒不同。希特勒的「雅利安治理」在內政上其實頗有績效，但因他侵略異國、屠殺異族，所以被世人視為人魔。而毛與斯皆主要在國內造孽，因此世界罵名不如希特勒。唯若就對內的殘暴來說，希特勒則遠不如斯毛，而斯又不如毛。然而，如今德國已與希特勒完全切割，斯大林在俄國也面對清算，只有毛澤東反而好像是牆倒眾人扶。

日本將為國戰爭的國際戰犯入祀靖國神社，世人議論。中共卻以在思想及方法上對內枉法亂政至此地步的毛澤東為靖黨的精神象徵。這豈能天長地久？甚至，這究竟是聰明還是愚笨？

中共的治理走到今日地步，可謂相當成功。但要解釋「我們為什麼能夠成功」，卻面臨兩條路線的選擇：

一條是主張成功來自馬毛譜系，塗抹去「曾經失敗」的種種浩劫，並宣示未來仍以馬毛為指引。另一條是認知馬毛曾經「跌下去」，是因鄧小平一代的改革開放使中共與中國「醒過來／爬起來」，並以此證明中共是一個知道反省，能夠自我糾錯甚至脫胎換骨的政黨。

鄧一代之所以能「醒過來／爬起來」，正因擺脫了馬毛的綑綁。當時的拐點出現在中共否定了「兩個凡是」、「以階級鬥爭為綱」、「無產階級專政下的繼續革命論」，認定文革是「由領導者（毛澤東）錯誤發動的，給黨及國家和人民帶來嚴重災難的內亂」，是「十年浩劫」，也是「一全局性、長時間的左傾嚴重錯誤」，總結為「實踐是檢驗真理的唯一標準」。

鄧一代給毛澤東「七三開」，功七罪三，唯毛的評價早在「七千人大會」已做成是罪七功三。但是，保住毛澤東畢竟是整體權謀操作的一部分，卻絕不構成應當洗白毛澤東、返祖毛澤東的理由。

毛澤東對中共及中國的傷害皆是鐵板釘釘的歷史事實。因此，如今種種迎回毛澤東、粉飾文革的修史動作，皆猶如出土後才長出新芽的馬鈴薯，都是變造加工的假歷史。

今天的中共，即使前半截成自毛澤東，但也幾乎毀於毛。後半截能活下來，且能活到今日的精彩，卻是成自鄧小平「迷途知返／改革開放／起死回生」的一代。

用鄧小平來說中共故事，遠比用毛澤東說中共故事有活路。習近平說「改革開放是決定當代中國前途命運的關鍵一招」，還必須加一句話：「鄧小平是決定當代中國前途命運的關鍵一人。」

沒有鄧小平，中共沒有今天，沒有毛澤東，也沒有習近平。

二〇二一年八月二十九日

說好中共故事（中）

上溯孫中山　下續鄧小平

六月廿日及廿七日《大屋頂下》的〈百年中共的反省與返祖〉一文認為：中共不應回到馬克思，因為「回頭不是岸」。

七月一日習近平黨慶談話中，約有七百字，幾可看成是對這個問題的解釋。他說：中國共產黨為什麼能，歸根到底是因馬克思主義行。

如果馬克思主義行，如何解釋本文（上）篇所說的「中國跌下去」？又如何解釋中共是如何「醒過來」及「爬起來」的？更別提比中共更正宗「馬列主義」的蘇聯因何崩潰。

馬克思主義行在哪裡？〈百年中共的反省與返祖〉說，中共其實做不到馬克思蘊有「民主社會主義」的初心，也不可能實現馬克思「國家死滅」的理想，更不可能再公開主張「暴力革命／階級鬥爭／無產階級專政」的「馬克思三元素」，則中共要返祖馬克思，意欲何為？

尤其令人質疑的是，中共如今再度高舉馬克思，顯然是要用馬克思來復辟毛澤東。但是，毛澤東卻是更惡劣的馬克思。

本文（上）篇說，中共的政治譜系已經錯亂。說要「同中華傳統優秀文化相結合」，但難道是要把儒家與馬克思毛澤東送作堆？又說要「全面貫徹新時代中國特色社會主義思想」，難道新思想就是要貫徹馬克思毛澤東？更說要實現「中華民族偉大復興的中國夢」，但難道回到馬克思毛澤東就是偉大復興？就是中國夢？矛盾百出。

黨慶談話中，有兩個凸顯的關鍵詞。一、「馬克思主義基本原理」，此說意謂已是「當代中國馬克思主義」、「廿一世紀馬克思主義」，白馬非馬。但什麼是馬克思主義的「基本原理」呢？人言言殊。二、黨慶談話中又幾度出現「馬克思列寧主義」的提法，言下之意是凸顯「列寧化的馬克思」，不能忘掉另有「列寧主義基本原理」。

《大屋頂下》曾說，馬克思主義以人道主義出發，這是正向內涵；但在實踐上以紅色納粹法西斯主義告終，這卻非可大可久。那麼，所謂馬克思主義的「基本原理」究何所指？是指其人道精神？或指紅色納粹法西斯？

本文認為，既然重提「馬克思列寧主義」，已是水落石出。因為列寧化的馬克思主義，就是「專政社會主義」、「非民主的社會主義」，就是「黨帝制」，就是紅色納粹法西斯的原型。

如此，不啻正式宣告：中共拒絕民主，中國也不會有民主，即使在所謂中華民族偉大復興之日也沒有。

本文認為，雖然無人奢望中共能在今日或不久的將來能給中國帶來民主自由，唯若中共現在就要以「馬列主義基本原理」，將自由民主永遠排除在中華民族「偉大復興」之外，這未免令全體中國人震驚絕望。

中共現在即使不能對自由民主做出承諾，但也不可就此完全斷送了民主自由的一切未來可能性。中共至少要說：自由民主，不是現在就有，但也不是永遠沒有。

如果中國人問：為什麼中華民族的偉大復興就是要「中國馬克思列寧化」？倘若中共給的答案竟是：因為這是根據天經地義的「馬列主義基本原理」。何以服人？

中共必須重建本文（上）篇所述錯亂矛盾的政治譜系。其中，秦始皇、李自成、洪秀全撐持不住，皆已退場。馬克思、列寧、斯大林曾紅極一時，他們的頭像曾在國家慶典的遊行中被高舉前進，改革開放後就消失已久。如今「馬克思列寧主義基本原理」有回潮之勢，但畢竟已是難以下嚥的一碗餿飯，其實已被改革開放否定。在這個七零八落的譜系中，孫中山是個異數。當馬恩列斯的頭像久在天安門廣場消失，但每年五一及十一，孫中山的巨像仍出現在廣場。慶典中，當台下的群眾看著天安門樓上的毛澤東像，在樓上的中共領導們卻是面對著孫中山像。

毛澤東與習近平對孫中山表達的景仰，皆令人印象深刻。毛澤東自稱「三民主義信徒」，甚至說：「（中共）在十年內戰中不要孫中山，因為我們的力量還很小……將來我們力量愈大，我們就愈要孫中山……我們應該有清醒的頭腦來舉起孫中山這面旗幟。」習近平則說：「中國共產黨是孫中山先生革命事業最忠實的繼承者，完成了孫中山先生未竟的事業。」毛習二人對馬列的推崇是政治正確，但對孫中山的景仰則應是出自理性與良知。

毛澤東是識貨的人。甚至可以說，他應當也有孫中山那種恢宏開闊的自我期許，後來只因扣錯了第一顆鈕扣就一錯到底。

馬列是鑽牛角尖的偏執，是病態的，走到底就違反了人性與文明；孫中山則是開朗且平衡，是合於社會生理的，走入人性的本質，走向文明的方向。因此，毛澤東說：「將來我們力量愈大，就愈要孫中山。」

毛澤東知道，對中國來說，孫中山是可大可久的。

中共應當重建其政治譜系。核心工程是要將「十月革命一聲炮響，給中國送來了馬克思列寧主義」的異國起源論，逐漸移換到「承繼辛亥精神／光大中華民族」的中國發生論。

當然，就史實言，這也是馬鈴薯出土後才長出的新芽，但由於孫中山曾有聯俄容共的過程，民生主義又有厚重的社會主義內涵，且其巨像迄今仍定期出現在天安門廣場，因此使這樣的政治槓桿仍有發生作用的可能性。中共已宣布要擴大紀念今年辛亥起義一一〇週年，可謂正逢其時。

接上了孫中山，就接上了「中華傳統優秀文化」，接上了儒家道統，接上了民族、民權、民生，接上了普世價值，接上了天下為公，進入人性的本質，指向文明的方向，邁向可大可久。當此之際，才是習近平所說：「完成了孫中山先生未竟的革命事業。」

當然，中共政治譜系不可能以孫中山為主體，那樣不符史實，也太著斧鑿。但若將孫中山融入「中國特色社會主義」的百寶箱，應無扞格之處。則建立在「中國發生論」的中共新譜系，可用三個人物為轉接：孫中山的啟發，毛澤東的試誤（艱辛探索），及鄧小平的改革開放。

上溯孫中山，下續鄧小平。如此，也就不必再將中共綁在「馬列主義基本原理」上了。

關鍵在於：中共的新譜系應當以開放的「中國特色社會主義」為主軸，不能用「馬列主義基本原理」來封頂。

既是如此，也就不必將鄧小平的「中國特色社會主義」看成「舊時代」，亦不必特別標榜習近平的「中國特色社會主義」為「新時代」。除非習近平的「新時代」就是要回到馬恩列斯毛的「舊時代」。倘是如此，請問「新」在何處？

二〇二一年九月五日

說好中共故事（下）

毛澤東vs.孫中山　習近平vs.蔣經國

本文（中）篇說，毛澤東曾謂：「將來我們力量愈大，我們就愈要孫中山。」但他齎志以終。當年，習近平初出之時，許多人想像他可能是中共的蔣經國，則尚待驗證。

中共非中國，但中共主宰中國。

《大屋頂下》一直有一個想法：中國現在面臨的課題，不是「中華民族偉大復興」，而是「中共如何自我救贖」。中共能自我救贖，民族就可能偉大復興；倘中共不能自我救贖，民族復興不成，也偉大不了。亦即：要說好中國故事，須先說好中共故事。

我不太相信「中國崩潰論」，也認為「中共崩潰論」不能認真。所以，我不覺得能用等待中共崩潰來解決中國的問題。反而認為，比較可以想像的路徑是，促成中共轉型改變，且主要是必須激活起中共自己的上進心志，百尺竿頭，更上層樓，不要畫地自限、自暴自棄、作繭自縛，不要用什麼「馬列主義基本原理」來為自己封頂，為中國封頂。

因為，中共也是有轉型基因的，鄧小平的「改革開放／維新變制」就是震古鑠今的例證。

愈來愈多人懷疑「中國（共）崩潰論」。相反地，愈來愈多人認為其崛起已勢不可擋，遲早而已。因為，從唯物主義的標尺來看，中共的「體制優勢」是明確的，其治理也是成功的。

中共的體制可謂「黨帝制」。傳統的帝制是家族世襲，黨帝制則是以一個黨世襲。黨帝制是中共營造的「理想國」，可藉柏拉圖的《理想國》略作引申。

柏拉圖的虛擬國家，以「高貴的謊言」（Noble Lie）為框架（中共的「高貴謊言」是共產主義、無產階級專政等）。Noble Lie 不是出自「社會契約」，而是來自先驗的「神諭」（無產階級專政也不是出自社會契約，而是來自馬克思的「基本原理」）。謊言規定：由「哲君」（Philosofer King）宰制一切，哲君則來自天命（中共是「歷史與人民的選擇」，但不是出自選舉契約）。又規定：社會分為三種人：「金質人」（統治階層，即中共黨政官僚體系）、「銀質人」（護國階級，「黨指揮槍」），及「銅質人」（經濟人，在中共則是權貴經濟）。這三個「人種」皆是世襲，形同不能移動的「種姓制度」（中共社會仍有輕微的流動性，但如城鄉「種姓」的流動仍然困難，而且「銅質人」不太能變成「金質人」，雖說接受「三個代表」，但馬雲也不能妄議中央）。國家底層則以金銀銅三種人以外的廣大「奴隸」來支撐，這就是中國大陸民間說的廣大庶民韭菜社會。

絕對的黨中央，神諭天命的「以法治國」，格子化的社會，操控一切政治及經濟資源，面對廣大青綠的韭菜。這就是黨帝制，不是虛擬的，而是已經真實存在且運作的「理想國」。

這樣的國家似乎存在「暴政必亡」的危機。但是，中共已經使其實現，而且經營得十分成功，甚至志得意滿地標榜「四個自信」，視為足以自豪的「中國方案」。

尤其，近年借重於數位工具，使得專政更加強固。一方面精挑細選社會菁英進入金銀銅階層（已有九千五百萬黨員，預計必以突破一億黨員做為中共二十大的獻禮），這是選拔與羈縻。另一方面又以超過軍費的預算用於政治維穩，體現一個鴉雀無聲、萬馬齊喑的大家夾著尾巴做人的「和諧社會」。

因此，主張中國崩潰論或中共崩潰論的人要知檢點了。中共可能不會崩潰，反而似已有沛然莫之能禦的崛起之勢。

因此，若想扭轉形勢，必須回到中共的自我期許，也就是要問中共自己要怎麼走下去？中共顯然自知，他的「理想國」正在運作。但是，這樣的政治成就，是否能夠照應人性的本質與文明的方向？如果中國在中共手中永久成為「黨帝制」的「理想國」，低人權、低民主，這能算是中國夢的實現嗎？這能算是中華民族的「偉大」復興嗎？

如果今天中國的成就已是為山九仞，則民主自由就是尚待添增的一簣之功。缺了這一簣，中華民族不可能「偉大」，因此亦無「復興」可言。

是的，世人皆看到中國「站起來／富起來／強起來」。但這種「黨帝制」的「理想國」，無論對中國的人權伸張或對人類文明發展言，即使會「富」會「強」，但絕不會「偉大」。

本文一開頭提到天安門前群眾高唱〈沒有共產黨就沒有新中國〉。此曲是由十九歲的曹火星在一九四三年所作。當年，抗戰未歇，內戰待發，其中有一句歌詞是

「（中國共產黨）他實行了民主好處多」。但是，至今的中國還是沒有民主，且未來也可能沒有民主，則何年何月才有「新中國」？

中共以其黨帝制為榮，拒絕自由民主。但今日主張自由民主者，可以公開向世人推倡自由民主，說這是普世價值。但中共能公開主張「馬列主義基本原理」是普世價值嗎？或能公開主張以「馬列主義基本原理」為「人類命運共同體」的旗幟嗎？恐怕畢竟不能反映人性的本質與文明的方向。

現今的情勢是：中共的成功或可撐持一人一黨一時的治理，但必須思考可大可久的問題。

鄧小平的「維新變制」證明，只要領導正確，中共仍有轉型與推升的強大潛能。只要善用「中國特色社會主義」的百寶箱，中共就能與時推移，與時俱進；也必有將自由民主元素日積月累的可能性。既有此「中國特色社會主義」的任意門，也就不必再鼓吹什麼「當代中國馬克思主義」、「廿一世紀馬克思主義」、「馬列主義基本原理」，意圖用馬克思來復辟毛澤東。這是作繭自縛，也是自我封頂。

蔣經國經歷坎坷。他曾運用戒嚴體制潛心於改革與建設，卻也積欠了許多政治債務。但在他竭盡可能之後，親身宣示「解除戒嚴／開放大陸探親」。這兩個動作可謂使蔣經國償還了他一生的政治負債，社會獲得解放，國家獲得新生，蔣經國自己也贏得了應得的歷史榮譽。

習近平在黨帝制下也致力改革與建設，但勢必也在累積他的政治債務。就歷史評價來說，這種債務未必是改革與建設所能勾兌的。到了最後那一天，習近平將是債台高築如山？還是像蔣經國那樣清償了一生積欠？歷史將做見證。

習近平說要「塑造可信、可愛、可敬的中國形象」，就應先塑好可信、可愛、可敬的中共形象。

中共自我救贖若失敗，中華民族偉大復興必落空。

二〇二一年九月十二日

第二部

武統與九二共識

中共面對的兩岸情勢是：武統有約束，和統無論述。武統是國恥，更是國難。武統的內外約束愈來愈多，愈來愈大。

眾皆發現「一國兩制」連續兩年在中共涉台報告中消失，我第一個直接指出「一國兩制」已經對台下架。但是，在本書付梓時，習近平辛亥革命一一〇週年談話，又重提「一國兩制」，情勢反覆。

九二共識從定海神針變成燙手山芋的過程，是兩岸重大的傷痛與啟示。

不論是反獨或促統，中共都必須穩住中華民國。

革命尚未成功　同志仍須努力

兩岸僵局是辛亥革命遺留

中共向來主張「兩岸問題是國共內戰遺留」。這個說法也許可用於「解放台灣vs.反攻大陸」的時代，但已經愈來愈不準確。

面對現今及未來的兩岸僵局，這個說法應當提升至「兩岸問題是辛亥革命遺留」，始能反映逐漸展現的真實，進而據此梳理兩岸關係。

其實，就內戰當年的話語架構來看，內戰可謂就是國共雙方競爭誰能實踐辛亥革命理想目標的戰爭。中共當年的論述，就在攻擊國民黨未能實踐辛亥革命所標舉的憲政民主、政黨政治、普選制度、議會政治、結社自由、言論自由、軍隊國家化、土地改革等等；而中共當年的承諾正是，它將使這些國民黨做不到的種種皆在中國實現。

以下引述當年毛澤東的幾段論述：

「蔣介石的獨裁和專政是必須推翻的，因為中國人民最需要的是民主政治，而民主政治的前提是要解決分權制衡的監督問題。」（一九四二）

「我黨的奮鬥目標，就是推翻獨裁的國民黨反動派，建立美國式的民主制度。」（一九四四）

「有些人懷疑共產黨得勢之後，是否會學俄國那樣來一個無產階級專政的一黨制度。我們的答覆是：我們這個新民主主義制度不可能、不應該是一個階級專政和一黨獨占政府機構的制度……將保障人民言論、出版、集會、結社、思想、信仰和身體等自由。」（一九四五）

從這些論述中可以看出，毛澤東的「初心」也認為，內戰不應只是國共兩黨的權力鬥爭（因為不是要實現無產階級專政和一黨制度），而是應當對中國有更高遠的文明憧憬（因為中國人民最需要的是民主政治）。

辛亥革命對中國而言，正是一種「文明的憧憬」。但國共內戰最後畢竟淪為只是權力的爭奪而已，中共及毛澤東據以贏得內戰的種種對於「文明抉擇」的承諾後來可謂完全落空。

於是，「中國往何處去」這個內戰主題，迄今仍是未完成的答卷。一九四九年以來，兩岸分治已逾七十年。若仍將兩岸僵局視為你死我活的「內戰遺留」，那是把兩岸問題仍視為國共的黨爭，且難道要民進黨繼承內戰？但倘若能從內戰思維轉向當年「中國往何處去」的「初心思考」，即應認知，兩岸問題其實應當是「辛亥革命遺留」。

中共始終未否定「辛亥革命／孫中山／三民主義」。習近平在「紀念孫中山先生誕辰一五〇週年」的幾段談話：

「毛澤東同志把三民主義綱領……稱為留給我們的最中心最本質最偉大的遺產，是對中華民族最偉大的貢獻。」「中國共產黨人是孫中山先生革命事業最堅定的支持者、最忠誠的合作者、最忠實的繼承者。」「我們要學習孫中山先生天下為公、心繫民眾的偉大情懷。」「……革命尚未成功，同志仍須努力。實現中國現代化……我們還有很長的路要走……。」

中共建政的前三十年，可謂「三十年浩劫」，亦可謂「三十年艱辛探索」。主要的原因，正是中共將中國由「辛亥革命孫中山論述」，帶向了「馬恩列斯毛論述」。

一九七八年，鄧小平領導改革開放，從此開始「摸著石頭過河」。四十年來，從「東方紅太陽」到「七三開」，從千萬人戴帽遊街到千萬人洗冤平反，從連一顆雞蛋都不容私售到淘寶光棍節，從「階級鬥爭為綱」到「和諧社會」，從「批孔揚秦」到四出設置「孔子學院」……多彩多姿，林林總總，一言以蔽之，就是以姓資姓社不爭論、走出階級鬥爭論，甩掉了「馬恩列斯毛」原教旨的殺人與自殺路線。

中共建政七十一年，就是七十一年的路線鬥爭史。奇妙的是，自一九五〇年代起，每逢五一及十一，就會在天安門矗立孫中山遺像。早年，天安門也有馬恩列斯頭像，但現在都退場了，只留孫像與毛像對望。這個無意有心的安排，其實呈現了令人玩味的歷史軌跡。

七十年來，中共鬥爭不斷，人物也升降起伏，自秦始皇、孔夫子、張獻忠、洪秀全，甚至劉少奇、林彪、鄧小平、馬恩列斯，更甚至毛澤東自己都曾翻來滾去，竟然唯獨孫中山一直維持「革命先行者」的導師地位。此一奇蹟，自然有其深厚的政治底蘊。

每當天安門舉行群眾盛典，廣場群眾看到的是城頭的毛像，但城頭上的中共領袖們眼裡看到的卻是對面的孫像。此一場景，充滿了玄奧的政治啟示。

孫中山的架構，可謂是「政治走民主主義，經濟傾向社會主義」，是一個「民主社會主義路線」。這應當就是內戰當年中共的「初心」。

中共在五〇年代起就維持住對孫中山的禮敬，應是反映了毛澤東一輩的「初心」，只是後來的因緣變化，使他們陷於身不由己的自毀與毀國。但是，從前引習近平禮讚孫中山的論述可知，辛亥革命、孫中山及三民主義還是保全下來了。習近平甚至說，中共已使三民主義變成了「新三民主義」。可見，中共知道，孫中山的「民族／民權／民生」，可能是中共及中國未來的出路。

雖然中共四十年改革開放的成績世所共見，這是習近平能以「孫中山先生革命事業最忠實的繼承者」自詡的原因，但中共與孫中山畢竟仍有根本的歧異。那就是：孫中山主張的是「主權在民」的「天下為公」；中共主張的卻是「黨領導一切」的「為人民服務」。

孫中山是「民主憲政」，中共如今則是「黨帝制」。

世人不能否認中共現行「黨帝制」的治理成就。但是中共也必須逐漸處理其「專制紅利 vs. 民主負債」的矛盾關係，亦即必須努力由「為人民服務」向「天下為公」移動，也就是向孫中山靠攏。非此，從長期看，恐怕中共終究不能自救，中國也將永遠隱伏著政治風險。

尤其，孫中山及三民主義更可視為兩岸的共同出路。中共應尊重並珍惜代表「辛亥革命／孫中山／三民主義」傳承的中華民國，台灣的台獨分子亦應走出「二二八論述的中華民國」，回到「辛亥革命論述的中華民國」。台灣應知：愈「中華」，「民國」愈有力量。兩岸皆以「民族／民權／民生」為共同追求，以孫中山思維為共同政治基礎，和平競合，在「大屋頂中國」下，朝向「大屋頂中國」邁進。

中共的革命不應再是馬恩列斯毛遺留，而應提升至辛亥革命遺留。因此，兩岸僵局也不應再是國共內戰遺留，而應視為辛亥革命遺留。

兩岸何妨齊唱：革命尚未成功，同志仍須努力。

二〇二〇年十二月六日

消滅中華民國的「大中國」

等於拒絕所有「台灣方案」

上海東亞研究所副所長王海良先生新春發表長文〈共同締造統一〉，提出「大中國」概念。

並指出，台灣方面有人主張的「中華邦聯」、「中華聯邦」、「一國良制」、「一中三憲」、「互統一」，及「大屋頂中國」等皆不可採。

王文提出了若干創新思維，但我認為也不無方枘圓鑿仍待自我磨合貫通之處。本文試論一二，不在批評，意在相互完善。

一、「大中國」究竟是何樣態？

王文指出：中國與大陸、台灣應該是本體與實體的關係，即中國是中華民族以國家為形態的本體，大陸和台灣則是中華民族的兩個政治實體；即使這兩個實體各自都以自身為主體，也不能取代中國本體。

王文又說：統一後的中國是大中國。在概念上，一定是用「大中國」取代「中國」，以表示不是原來的中國，而是增大的中國。

此論的重點是：統一前，兩岸關係是「一個民族／兩個政治實體」，且各自皆不能取代中國本體（否定了「老三句」，是另一種「一中各表」？）。又說，「統一後的大中國不是原來的中國」。

王文不同意「大屋頂中國」。但我認為此論也可視為「泛大屋頂中國」。因為，在統一前及統一後，他都認為有一個超越大陸（中華人民共和國）及台灣（中華民國）的「本體中國」或「大中國」存在。這些皆是「上位概念中國」或「第三概念中國」，亦即都是「大屋頂中國」。

若無「上位概念中國」、「第三概念中國」的屋頂存在，王文就不可能發展其

「中國本體論」及「共同締造統一論」。此一類似「大屋頂中國」的想像，正是王文的創新思維。

但王文仍有尚待完整說明的問題。

1. 統一前的「一個民族／兩個實體」，似凸顯兩個「政治實體」的對等地位；則若稱大陸的「中華人民共和國」為「政治實體」，但何不能同樣也承認台灣的「政治實體」為「中華民國」？

2. 王文稱，統一後，「在概念上」，是用「大中國」取代「中國」。又說，至於大中國的（新）名稱，比較好處理。然而，這個「大中國」究竟是「概念上」或「實體上」的存在？王文並未說清楚。如果是「實體上法律性」的存在，它就必須有一個「新國號」，這恐怕就絕非「比較好處理」的問題。因為，有了「新國號」，就不只是「概念上」的問題，那就真正是「大屋頂中國」了。

二、中華人民共和國做何安排？

如果「大中國」只是一個「概念上」的名詞，那就僅是統戰詞彙。但倘若「大中國」將是統一後「實體存在的法律性體制」（大屋頂），那麼「中華人民共和國（政府）」是否仍然存在？

王文認為，屆時「兩岸應共組中央政府」，甚至不排除「假如屆時大陸地區政府（中華人民共和國政府）不是中央政府的話」。這些皆是王文必須做的「假設」，非如此，其「共同締造統一論」即無以成立。但是，「假如」中華人民共和國（政府）屆時就是中央政府，那就沒有所謂「第三概念的大中國」；又「假如」中華人民共和國（政府）不是中央政府，而中華人民共和國（政府）仍然存在於「中央政府」之下，就應當仍是王文所說的「疊床架屋式的大屋頂中國」。

三、中華民國將做何安排？

同樣的，如果「大中國」將是統一後「實體存在的法律性體制」，則「中華民國（政府）」是否仍然存在？如果中華民國（政府）與中華人民共和國（政府）都將不存在，這至少在邏輯上還說得通。但是，如果屆時中華人民共和國繼續存在，而中華民國卻不准存在，這就不只在邏輯上說不通了。再者，屆時台灣若行《台灣基本法》，大陸行《中華人民共和國憲法》，則王文的主張有何超越「一國兩制」之處？

王文對中華人民共和國在「大中國」中的地位閃爍其詞，一下子說「同是中國本體的一個政治實體，不能取代中國本體」，一下子暗喻中華人民共和國即是「經統一回到中國本體後的本體中國」。但王文對中華民國的態度卻是斬釘截鐵，他說：要讓大陸承認中華民國沒有消亡，……怎麼可能被接受？

也就是說，王文的「大中國論」，從過程到目的，皆奠基於「中華民國已經滅亡論」。

王文甚至說中華民國為「虛幻、空洞、縹緲」。好像忘了他至少還說過台灣是一「政治實體」，經過了七次總統直選。

王文的論證至此也陷於自相矛盾。他說：兩岸統一將採取基於現實而又超越現實的模式。基於現實就是承認兩岸是主體中國的兩個擁有治權的政治實體（這兩個政治實體難道不就是中華民國與中華人民共和國嗎？）。超越現實就是彼此都不以消滅對方為目標（是指中華人民共和國與中華民國不相互消滅嗎？），而是以一加一大於二為目標，即由雙方共同締造統一的中國，它大於大陸（中華人民共和國），更大於台灣（中華民國），也大於二者之和（若消滅中華民國，是減法，如何大於「二者」之和？）。

王文此論蘊蓄著創新思維。不過，若基於現實，就應是基於兩岸在中華民國與中華人民共和國分治的現實，這就是「現在進行式的一個中國」。若超越現實，就應以「中華人民共和國與中華民國都不消滅對方」為超越，這就是「共同締造論」，也是「大屋頂中國」。

王文不同意「大屋頂中國」。但他主張的卻是在上層有一個面貌不清的「大中國」大屋頂，下層留著定位閃爍的中華人民共和國，但要消滅中華民國。這其實是一個「歪斜半塌的大屋頂中國」。唯如果說到底還是要消滅中華民國的話，那就根本不必迷亂耳目搞什麼「大中國」的統戰詞彙。

《大屋頂下》曾指出，如今兩岸氛圍是「台獨不消滅中華民國，統一要消滅中華民國」。北京應知：未來的對台課題，已不再是「反對台獨」，而在如何「維持原真中華民國」。王文不但沒有跳出此一陷阱，反而是愈陷愈深。

王文其實是在借箸代籌，意圖一一駁倒各方曾經倡議的「台灣方案」，其最後落點仍在「中華民國已經滅亡論」。倘是如此，北京又何必費盡心機要求各方提獻「台灣方案」，難道中共認為中華民國會同意以消滅中華民國為方案嗎？

王文師法汪道涵的「共同締造論」。但若是主張「中華民國已經滅亡論」，卻與汪道涵的「現在進行式的一個中國」及「共同締造論」背道而馳。

其實，從來不缺「台灣方案」，但自《國統綱領》至「九二共識／一中各表」盡皆毀於北京。如今王文又想駁倒其他。

北京若再持守「中華民國已經滅亡論」，就等於拒絕了所有的「台灣方案」。

二〇二〇年二月二日

為何主張大屋頂中國

兼致北京智囊W先生

較諸中國大陸前任黨政領導人，習近平在兩岸論述上有兩點個人標誌性的論述，不同既往。

一、心靈契合的統一。這可說是為「和平統一」下了方法論與條件論。在論述境界上超逾前人。

二、探索「兩制」台灣方案。這雖可視為過去所稱「什麼都可以談」的延伸，但習近平是首位將之鋪陳開來者。「探索」二字，應是表示「尚無定案」，更非由一方決定，而應如習所說「以對話取代對抗，以合作取代鬥爭，以雙贏取代零和」，因為「兩岸的事應該由家裡人商量著辦」。也就是說，兩岸解決方案，不是由一方決定，且非零和。

兩岸方案若要「商量著辦／雙贏取代零和」，關鍵即在如何置定中華民國的地位。倘若會有「台灣方案」，我認為，第一要旨應當就是「不能消滅中華民國」。因為，對台灣言，消滅中華民國就不是心靈契合，而是零和。

中共的兩岸政策一直存在著一個基本矛盾。那就是又希望台灣在統一前能維持中華民國，但統一又以吃掉中華民國為目標。這樣的矛盾，使得心靈契合不可能。

如何置定中華民國的地位，這在大陸涉台智囊間一直是個大題目。鷹鴿紛陳，剿撫互見。W君為北京涉台智囊的俊彥，本文試藉他的見解來討論這個題目。對事不對人，因此避其姓名。

習近平去年元月二日談話後，W君著文〈「兩制」台灣方案須解決四大難題〉。他說：「台灣地區從未享有過『獨立主權』……。」但是，他換口氣又說：「徹底地去『主權化』改造是統一後的首要政治和法律任務。」奇異處在剛說台灣從未享有「獨立主權」，怎麼又說要「去主權化」？

W君似有閃避。他說「台灣地區」從未享主權。但他未說中華民國從未擁有主權。中華民國不但擁有主權，且中國共產黨還誕生於中華民國的主權之下。直至一九七一年，中華民國仍在聯合國任安理會常任理事。中華民國的主權在現今國際政治中受到重傷，卻不能不正視其為已七次直選總統的主權國家，其護照獲得一一二國的免簽證。

中華民國主權受傷是事實，但北京不能因其操作國際政治對中華民國主權的打壓結果，得出中華民國「從未享有主權」的結論。

W君說：「去主權化」改造，包括「去國家化」和「去中央化」兩個層次的內容。「去國家化」係指去除那些支撐所謂「中華民國仍然存在」的一系列政治符號、稱謂、法律及制度……。

問題在於：正因中華民國有主權、是國家、有中央政府，W君才有理由說要去主權、去國家、去中央。

北京常說：台灣不是一個國家。但必須承認中華民國自一九一二年始終是一國家，只是因中共及台獨而受傷。

北京不能將「統一」視為先驗的神諭。如果消滅中華民國就是北京的方案，心靈契合從何說起？台灣方案又豈有置喙容身之地？

三月底，W君著文又說：九二共識的「一個中國」是國際法意義上的實體中國，而不是歷史、地理、文化、血緣上的虛體中國。大陸堅決反對將「一個中國」虛化的說詞和做法。

W君畢竟未說「九二共識的一個中國就是中華人民共和國」，因為他知道底氣不夠。尤有甚者，他且不接受以歷史中國、地理中國、文化中國、血緣中國為兩岸介面，因為此皆「虛體中國」。這樣的說法，已是聞所未聞。

試問：如果拋棄歷史中國、地理中國、文化中國、血緣中國，習近平說的「兩岸一家親」還存在嗎？北京還能說什麼炎黃子孫、龍的傳人嗎？「兩岸事應由家裡人商量著辦」找誰商量？

W君又說：國民黨也能通過其慣常使用的「各表」處理九二共識……。但不管在跟大陸背對背的場合如何自我表述，最後跟大陸面對面互動時，只能說「九二共識」四字。

但是，如今北京（包括W君）對台灣發言，皆自稱「大陸」，未稱「中國」。一碰上蔡英文說話，就盯著她說不說「中華民國」。民進黨稱大陸為「中國」，北京又覺得刺耳。華航若拿掉China，北京喜歡嗎？可見，兩岸其實須靠「一中各表」來維繫。

如今，W君吹一口氣，就要把一中各表化作烏有。這是不是自欺欺人？

我認為習近平的「心靈契合的統一」（說出了境界），及「探索兩制台灣方案」

（不是神諭，商量著辦，不是零和），應是追尋兩岸方案的思想路徑。

何況，兩岸情勢如今已經發展至「台獨不消滅中華民國／統一要消滅中華民國」的弔詭之中。兩岸如果容不下「原真中華民國」，自然就會滑向「借殼中華民國」。

三年前，W君曾經說，中華民國對大陸、國民黨及民進黨都帶來困擾。對大陸，有「否定與捍衛的糾結」。對民進黨，有「推翻與接受的無奈」。對國民黨，有「延續與挑戰的尷尬」。

如今，民進黨將以「殼獨加華獨」的樣態「接受」中華民國。此次《台美防疫夥伴關係聯合聲明》由外交部長吳釗燮及美國在台協會處長酈英傑會銜，及《台北法案》的實施，皆顯現北京否定的中華民國，將被美國及民進黨的「台獨加華獨」接手。

說到這，可再回看W君所稱大陸對中華民國的「否定與捍衛的糾結」。有無感慨？今日，W君的理論發展到公開說出「統一就是要去中華民國」及「不接受虛體中國」的地步，皆是言人所未曾言。但W君此種趕盡殺絕、吃乾抹淨的理論，「只知否定／忘記捍衛」，非但不給台灣出路，其實也封死了北京走其他非零和路徑的可能性，凶險莫測。

因為，這種走勢在邏輯上會逼得只剩武統一個選項。戰爭，對美國之類民主國家而言，打完不論勝敗繼續選總統。但以中共這樣的體制，武統若萬一閃失，就可能危及中共的存續。

W君說，若是武統，兩制就一切免談。好像說敬酒不吃吃罰酒。但我勸你勿認為中共能輕試武統之路。

北京最好不要逼得台灣人不能選中華民國而選台獨，這會將兩岸都逼到絕境。北京尊重並維護台灣以「中華民國」的體制存在，先維持住「一中各表」的連結，在軍事上又不致威脅大陸。試問：有什麼不可以？

世局正在丕變，中共應將「統一前」的兩岸關係置於「統一」之上。因此，不能放棄「虛體中國」，更不能再持「中華民國已經滅亡論」。若論統一，應思考「不消滅中華民國的統一」，亦即「互統一」。

這是我主張「大屋頂中國」的原因。

二〇二〇年四月十九日

回應人性本質　回歸文明方向

兩岸統一是條件命題

中共將兩岸統一與中華民族的偉大復興掛鉤。

習近平說：祖國必須統一，也必然統一。這是七十載兩岸關係發展歷程的歷史定論，也是新時代中華民族偉大復興的必然要求。

事實卻是：兩岸關係似乎愈來愈難「定論」，且如果兩岸統一就是指「中華人民共和國吃掉中華民國」，這真的是「中華民族偉大復興的必然要求」嗎？

再者，究竟「統一」是「中華民族偉大復興」（即使不計代價亦應達成）的「必然要求」？或者，應先確定「中華民族偉大復興」可以體現人性的本質及文明的方向，來為「統一」創造天與人歸的趨勢？

本文嘗試探究「統一」與「中華民族偉大復興」的意涵及關聯：

一、什麼是「中華民族偉大復興」？

《大屋頂下》曾期許中共能夠走向「足食，足兵，民主之矣」。這也許可以做為中華民族是否偉大復興的指標。

中共四十多年來改革開放的成就，誠為人類歷史所僅見。但是這種以「專制紅利」壓制「民主負債」的政經體制，只是一個「專政體制的維穩機器」。政權雖然帶動社會發展，但也成為阻擋社會解放的障礙。

而且，中國是十四億人口的大國，如果永遠是一個「低人權／低民主」的國家，對人類文明當然是嚴重的傷害。亦因此，中國愈「強大」，國際也愈疑懼。而中國若永遠成為一個國際疑懼、國內人權得不到解放的國家，這樣的「復興」，「偉大」何在？

中華民族的偉大復興，應當回應人性的本質，回歸文明的方向。

眾人皆知馬斯洛的「需求層次論」，人生的需求自「生理物質需求」，逐次晉階至「自我實現」。這就是人性的本質，就是自由。相應而言，人類政治社會體制的發展，自君權神授、朕即國家，至節制王權，到契約論、主權在民、自由民主，此間儼然也有一個與馬斯洛「人生需求層次論」對應的「政治需求層次論」。這就是文明的方向，就是民主。

「人生需求層次論」（自由）與「政治需求層次論」（民主）的交集處，或許就是「中華民族偉大復興」應有的歸趨。

人性發展及文明發展既然皆是「層次論」，則中共或中國今日做不到自由民主是可以理解的，但中共及中國不應放棄追求自由民主的終極心志。此可謂是「有宏遠價值導向的民族主義」。否則，就與人性本質相違、與文明方向相悖，就絕無可能實現中華民族的「復興」與「偉大」。

二、統一是一個條件命題

因為「反統一」的勢力在台灣愈來愈強，所以中共應特別珍視「條件對，才可能談統一」的台灣少數觀點，亦即真正尊重「台灣方案」。

習近平倡議「心靈契合的統一」，是指統一應有「心靈契合」的條件。其實，這就是把統一看作一個「條件命題」，也就不能說統一是「歷史定論」或「必然要求」，那還要看能不能「心靈契合」再說。

這句「心靈契合的統一」，提升了思想的境界，也限縮了手段的選擇，中共應當據為圭臬，並視為政治誓言。

因為，這對中共好，對兩岸好，也對中華民族偉大復興好。

若以「心靈契合的統一」為歸趨，就一定不是「武統」，而必是「和統」。若是「和統」，就一定須經台灣的民主機制，即是「民主統一」。而若是「民主統一」，台灣就不會答應「吃掉中華民國的統一」（現在，連台獨都捍衛中華民國了）。《大屋頂下》多次演繹此一因果，在此不贅。

亦即，若要「心靈契合／民主統一」，就應在「中華民族偉大復興」的內涵上保留「民主／自由／人權／法治」的終極嚮往。是可謂「遠人不服，則修民主自由以來之」。中共雖然暫時做不到，但仍應懸的以赴。倘是如此，即不應「吃掉中華民國」。因為，中共若對民主仍有追求，最具體的保證就在不消滅中華民國；反過來說，若中共所謂的「偉大復興」不能做到「民主之矣」，就更應為中華民族保存中華民國。

中華民國是中華民族五千年來首見且唯一的民主政體，多麼艱難，多麼珍貴，因此不可抹殺，因此必須保全。消滅中華民國者，就是中華民族的罪人。

就此以論，為了中國的「民主之矣」，中共應為中華民族保全在台灣的中華民國，並在香港做好做滿「一國兩制」，而不應有終究要消滅台港的民主的想法。可使台港的自由民主成為促進及豐足中華民族偉大復興的資產與動能。

而且，「一國兩制」畢竟治標不治本。因為做不到「一國良制」，所以權採「一國兩制」；但若苟採「一國兩制」，恐就再無「一國良制」之可能。就中華民族偉大復興言，若中共（中國）永遠不能進化至民主境界，台港的民主政體恐皆終究無所憑藉，而中國亦永遠成為國際疑懼、國內人權不得解放的「維穩機器」，難道這是「偉大復興」？

若在中共的「中華民族偉大復興」中看不到民主自由，且又持守「中華民國已經滅亡論」，容不下「一中各表」的「台灣方案」，非要吃掉中華民國；這應就是台灣反共拒統的主因，因為這根本做不到「心靈契合的統一」，也做不到「中華民族偉大復興」。

所以，若要實現「心靈契合的統一」，就要以「不消滅中華民國」為歸趨。以「一中各表」為「現在進行式的一個中國」，以「大屋頂中國兩制」、「共同締造論」、「大一中架構」、「互統一」為「統一」的思考架構。

如果中共是一個永遠否定「民主／自由／人權／法治」的政權，莫說「中華民族偉大復興」做不到，甚至將與中共的自救背道而馳。然則，如文首所問：中華民國如果被這樣的政權吃掉，這真的是中華民族偉大復興的必然要求嗎？

因此，統一是條件命題。亦即，必須心靈契合。

疫情肆虐全球，防疫控疫，各國相互攀比「制度優勢」（雖然，主要區別可能是在戴不戴口罩等文化差異）。但說到底，應不會有民主國家的人民會因此放棄自由民主體制；也不會因此而使專制國家如中國的人民，就此放棄對民主自由的嚮往與追求吧？因為，自由是人性本質，民主是文明方向。

《大屋頂下》曾說，兩岸的終極方案，應當「為人類文明建立典範，為兩岸人民創造救贖」。如果真是為了中華民族的偉大復興，為了心靈契合的統一，中共就不能放棄對「民主／自由／人權／法治」的終極追求，也就不能以消滅併吞中華民國為統一手段。

統一是條件命題，為的是體現中華民族的宏遠利益與正義。

二〇二〇年四月五日

去中華民國化vs.回中華民國化

章念馳的預言應驗了

上海東亞研究所所長章念馳在二〇一〇年撰發〈創條件解中華民國難題〉，是大陸涉台智囊中最早啟導「關注中華民國地位」的重磅人物。在北京「中華民國已經滅亡論」的政治正確中，卓然不群，獨樹一幟。他的相關論述不能盡舉，略謂：

「（台灣同胞）說，不承認『中華民國』，好比砍了他們的頭，那麼留下四肢五臟還有什麼用？具有這樣想法的人未必是支持『台獨』。」

「我們今天不是消滅中華民國的歷史時期了，中華民國一切成就和今日台灣，是我們必須繼承的一筆歷史遺產，而不是我們的包袱……廣大台灣同胞認同『中華民國』不是要『台獨』，更不是要對抗中華人民共和國，而是要求得一合理身分，做為統一前他是中華民國國民，希望得到尊重。」

「如果我們不能接受這份『遺產』，『台獨』就會把它變成『中華民國在台灣』、『台灣就是中華民國』，來對抗大陸，反而成了『台獨』的一份資產。」

「如果我們不能正視『中華民國』問題，『中華民國』會被『台獨』繼承過去，那麼兩岸之間的法理連結點就會蕩然無存，危機就會爆發，我們會付出慘重代價。因此我們必須以高度智慧來處理『中華民國』問題。」

如今，章念馳的預言完全應驗了。民進黨兩岸戰略進入「台獨與華獨的混合體」。正在建構「中華民國新生論」及「中華民國換手（給民進黨）論」。這些正是章念馳預言的兌現。

尤有甚者，章的預言比較專注在兩岸關係的維度，但「中華民國新生論及換手論」，卻是出現在現今這個多維度的國際變局之中。

在這個千古國際變局中，北京困於中美衝突、疫情、華為、洪澇、香港、南海、中印、經濟下行等種種內憂外患，療傷止痛猶恐不逮，其關於兩岸操作的「約束條件」則不斷增多增強；影響所致，武統、和統、買統的可能性全面降低，而一國兩制及「共謀統一的九二共識」兩大對台論述亦成殭屍政策。走到這個地步，若謂北京的兩岸政策已是一敗塗地，應當不是過甚其詞。

在這一敗塗地中，北京應有的警覺是：一、統一的難度愈來愈高，時間表失效，因此如何營造可能較原有想像更長久的「統一前／未統一」的兩岸關係，應當是新的戰略想定。二、所以，戰略目標也必須改變，新的目標，「統一」應當退到次目標，首目標應當改為「維持中華民國」，非此不能因應勢必延長的「未統一」狀態。

因為，民進黨的「中華民國新生論及換手論」，是要用「去中華民國化」的手段來體現「借殼中華民國」，切斷中國連結；但倘若要維持中國連結，就必須「回中華民國化」，回到「原真中華民國」，以應對「借殼中華民國」。

當民進黨走到「中華民國新生論及換手論」，就不再是「台獨 vs. 中華民國」的戰略對峙，而是「借殼中華民國 vs. 原真中華民國」的對峙，也就是「去中華民國化 vs. 回中華民國化」的對峙。

因此，北京如果再陷於「中華民國已經滅亡論」，其結果就是成全了台獨的「中華民國新生論及換手論」。

以上是我的推演，也許不能附麗於章先生的論述。但二者相同的觀點是在：北京如果不接受中華民國，中華民國將成台獨的資產，且如今已是現在進行式。

此時，台灣已然出現了相當濃重的「懼統容獨」現象。台獨正由「中華民國的消滅者」，搖身一變為「中華民國的捍衛者」。此即章念馳的預言。

章念馳一路鼓吹〈創條件解中華民國難題〉，論述豐富，體系大備，並曾集結成《我與兩岸關係三十年》一書（中國評論學術出版社／二〇一七）。兩岸涉台部門應當用心研讀此書。

月前，章先生在台灣媒體撰發〈找出兩岸關係新出路〉一文，在兩岸引起高度關注。他在文中呼籲：「創造一個兩岸都可以接受的一個中國新概念！」

「一個中國」是北京的禁區，不容討論。而倡議「創造一個中國新概念」，則是觸碰了這個最關鍵也是最棘手的兩岸議題。以章念馳的身分與角色，值此危疑震撼之際發出此語，大概也可說是對自我理念的一個總結性的註腳吧。

章念馳是章太炎之孫，他從章太炎看到了過去。章念馳又是汪道涵的繼承者，他與汪道涵看到了未來。

關於汪道涵，章念馳青出於藍，著墨濃重。汪道涵的「現在進行式的一個中國」與「共同締造論」，是將中華民國置於現在與未來的「中國」之中，而絕非「中華民國已經滅亡論」。且這個「中國」，無論在現在或未來，皆是高於中華民國與中華人民共和國的「第三概念中國」或「上位概念中國」，可以引伸為「中華民國不會滅亡論」。這可說是汪道涵的「一個中國新概念」。

另外，章念馳更多次說：「這些年台灣有過『一中三憲』（按，張亞中）、『憲法一中』（謝長廷）、『大一中架構』（施明德、蘇起等）、『大屋頂理論』（黃年）……的討論，都是值得鼓勵的……這些主張多少體現出『一中』的成分，不應輕易否決。」

由此可見，章先生早在思尋「創造一個中國新概念」。

章念馳自稱：從事台灣問題研究是一個「痛苦指數很高的職業」，「一言不合，就會引火燒身」，「最難莫過於『諫』」，「如果一個職業的政策研究者，找不到政策的錯誤，就不是一個稱職的研究者」。

章先生的文字，引發武統論者李毅的抨擊與耆宿陳孔立先生的衛護。黃鐘瓦釜的對比，不知這是引火燒身，還是反而照亮光大了章念馳？

研讀章念馳的文字，處處感受「最難莫過於諫」，而北京能夠留著章念馳獨樹一幟到今天，應是亦知畢竟應當珍惜一位「能找到並敢說出政策錯誤」的當代魏徵。

我與章先生有些接觸，且在其所撰兩岸評論中，他引據最多與最深的台灣個人評述可能就是我的著作。但我雖非常理解與尊敬他的人格與見解，卻一直不敢放手引述或呼應他的主張，就是怕「隔海唱和」害他「引火燒身」。但今見章先生已把話說到這個地步，為了表達對章先生人格與器識的崇敬，已有不能怯於言者。

我一向亦在探索「創造一個中國新概念」。本文對章先生的論述若有誤解或過度引申，其咎在我，當然不在章先生。

二〇二〇年八月九日

武統是國恥更是國難

武統是國恥，更是國難。

這裡說的「國」，有二義。一是指中華人民共和國，是武統的主體。二是指包括台灣與大陸的「中國」，是武統的受體。

武統是國恥。常聞，敬酒不吃吃罰酒，不能和統，就武統。豈不可恥？

古公亶父曰：「殺人父子而君之，予不忍為。」孟子曰：「不嗜殺人者能一之。」雖然真實的歷史並非如此，這卻在兩三千年前就出自中國聖賢的心中及口中。

何況，人類文明畢竟已進化至廿一世紀。連處理一個釘子戶、一條流浪狗或一棵擋住公署擴建的老樹，都不能行凶動粗。更何況，現在面對的是一個兩千三百萬生靈的民主政體中華民國。你能說：不跟我統一，我就殺人？

即使中共的軍事較強，但「遠人不服，修文德以來之」，這是價值，這是文明，這就不能「殺人以一之」。

兩岸問題在根本上是「文德」的問題，亦即是價值與文明的問題。若不能「修民主自由人權法治以來之」，而欲以殺人了結，這是國恥。

更別說等而下之的把殺人卡通化，「寧可台灣不長草，也要解放台灣島」、「留島不留人」、「核平統一」。這不只可恥，已無人性。

武統更是國難。武統不發動則已，一旦發動就必定要「首戰即終戰」。不到登陸受降，不能終止；流血殺人，自是國難。但若「首戰不能終戰」，即顯示國際介入的僵持已經形成。至此，兩岸的戰爭亡損及戰後的對峙情勢，亦是深不可測的國難。

國際是否介入及若介入將到什麼程度是未知數。但台灣是第一島鏈的關鍵，又是一個應當維護的民主政體，此皆使國際介入具有高度動機。例如胡錫進高調鼓吹大幅置備核武，好似想像情勢可能走到核戰的地步，但即使是非核的戰爭，那是不是國難？

何況，以上只是就軍事層面想像。其實，國際介入較軍事更具威脅性的是金融、貨幣、經濟、通路、外交等超限手段。這些手段，屆時絕對有可能使出，則即使中共在初戰中暫勝，恐也勢將面對國際的超限反撲，中共即未必能勝。這也是國難。

而且，想像中，不論打不打得下台灣，中共恐皆不免有重大承受。打下了，殺人而一之，將為中共在歷史上再添一筆孽債，亦勢將使中共面對更難自處的國際環境。若一舉打不下，則大陸內部怎麼得了？國際外部怎麼得了？兩岸又怎麼得了？

總之，發動武統，若是三天取台，血染寶島，中國失去五千年來唯一的民主政體，中共則勢將面對更具敵意的國際，這是國難，兩岸皆是受體。但若首戰不能終戰，中共未能登陸，台灣不降，則兩岸將進入完全不同的對峙情勢，那也是國難，兩岸也皆是受體。

其實，何妨就將這兩年的中美對抗看成一場「微武統」的演習，前述演繹皆已證諸今日。大陸方面的評論紛紛出現警語：「武統攸關國運，不可輕率甚至輕浮」、「美國萬一真動手怎麼辦？」、「千萬不要掉進美國的陷阱」、「不隨美國起舞」、「拒絕脫鉤」，及「戰爭的氛圍要提升，戰爭的風險要下降」，胡錫進甚至說：「（美中台）都不要開第一槍！」

現在，僅僅只是「貿易戰」而已，雙方尚未開槍，中共已是捉襟見肘、手忙腳亂。若要武統，是不是國難？中共諸人應已從今日處境得此見識。

以為武統能終結兩岸問題，是把問題看小了。如前所述，兩岸對峙不能只看兩岸，因為台灣是國際爭奪的戰略要地。兩岸對峙也不能全看軍事，而是涉及世界文明的角力。也就是說，兩岸問題是一個世界等級的「文德」問題。

對於國際來說，台灣若武統落入中共之手，不但台灣的民主政體被消滅，且將減少了中共民主轉型的可能性，又增強了中共專政的實力。因此，台灣問題不能只看兩岸，且不能只論軍事，因為攸關世界文明。甚至可說，「武統」可能正是國際所等待的終極處置中共的時機。

北京必須站在這樣的高度上看世界，才知道立足國際的根本，是在國家的氣質與信譽，而不在軍事。也必須在此高度看兩岸問題，才能認清武統不是兩岸問題的解方。

中共首須認知武統的國恥性及國難性，降低了武統的企圖，始能下決心在武統以外找尋兩岸方案。

北京過去的想法是：不能和統，就武統。今後的想法應當是：不能武統，就要設法和統。

和統的必然路徑就是民主統一，民主統一的必然路徑則是要接納中華民國，放棄「中華民國已經滅亡論」。

中共以「台獨」為動武的底線。這樣的武備可說是被動的，用於震懾台獨，但不能發動武統來消滅中華民國。因為，中華民國不是台獨，對中華民族言，中共沒有對它動武的正當性。對國際言，亦無正當性。

兩岸走到今日這個僵局，主因即在北京的「中華民國已經滅亡論」。最近，大陸上演《八佰》，也許可視為兩岸共同角度的《上甘嶺》（抗美援朝影片）。北京若使中華民國回復其在「中國」的應有角色與榮譽，從辛亥革命、抗日、八百壯士等題材中，建立起兩岸的歷史連結與精神紐帶，或許能使「中華民國已經滅亡論」逐漸淡出，讓中華民國及中華人民共和國醞釀出在現實中共存共榮的可能性。此即「大屋頂中國」。

北京不容中華民國立足於台灣，「中國」在台灣就失去憑靠。有了這樣的覺悟，武統就必須排除，且若排除了武統，則接納中華民國就成了北京解決兩岸問題的唯一方案。

民進黨正在「去中華民國化」，大陸卻從《八佰》回到中華民國。從這個諷刺性的對照可知，中華民國才是兩岸定海神針。

中國統一愈來愈不易。主要原因是幾十年來中共錯失了如汪道涵所說的「現在進行式的一個中國」（一中各表），及「共同締造論」（互統一）。若要統一，必須「為人類文明建立典範，為兩岸人民創造救贖」，即必須以接受中華民國為張本，不能武統。

至此，「統一」的概念已經昇華。統一不是指中華人民共和國滅掉中華民國，而是指中華民國與中華人民共和國並存於「一個大屋頂中國」。

武統會帶來國恥與國難，必與中華民族的偉大復興背道而馳。

二〇二〇年九月十三日

九二共識的活化優化進化

尚未重開機　竟然已當機？

總統大選後，各方尚在期待兩岸「重開機」之際，不料，是否竟然已經當機了。

一月十六日上午，ＢＢＣ專訪蔡英文刊布。蔡說：「一個中國」這套說法已經行不通了。這是她首次公開且直接否定「一個中國」。

她說，為回應中國施壓，將致力貿易關係多元化及鼓勵在大陸的台商返台投資。且說，「任何時候都無法排除戰爭的可能性，但問題是你必須做好準備」。亦即，蔡英文形同宣示將為其否定「一個中國」的兩岸立場，做好迎對經濟或軍事衝擊的準備。

「一中原則」是北京的底線，此為蔡英文所確知。現在她公開直接否定了「一個中國」，是不是已把重啟互動的大門關上？

同日上午稍後，國台辦在記者會上，重申「體現一中原則的九二共識是定海神針」，並稱「撼山易，撼九二共識難」。

經此大選，反對九二共識已成民進黨的神祖牌，此亦為北京所確知。現在北京仍稱「撼九二共識難」，是否形同也已把重啟互動的大門關上？

重開機，是否已當機？

此次大選的決戰日不在一月十一日，而在去年元月二日。習近平提出「共謀統一的九二共識」「一國兩制／和平統一」，因此「九二共識」遂與「一國兩制」掛鉤。蔡團隊藉此營造「亡國感」，成為大選致勝的主要決定性因素。

但是，國台辦選後仍稱「撼九二共識難」。因而，若不解決九二共識的爭執，兩岸恐怕不可能重開機。

民進黨萬萬不接受九二共識，北京則稱九二共識不動勝過山。黑羊白羊，兩岸無解。可能的出路，似乎應在九二共識有無活化、優化或進化的可能性。其實，所謂活化、優化、進化，即在回復九二共識的原貌。

一、**九二共識，必須是包含一中各表的九二共識，亦是以一中各表為基礎的九二共識。**

習近平去年元月二日談話，使「九二共識」與「一國兩制」掛鉤。但元月十六日國台辦在記者會上，已經重新引據「雙方雖均堅持一個中國的原則，但對一個中國的涵義，認知各有不同」的台方立場。如今，若要九二共識活化，北京至少必須回到去年元月十六日的準據。亦即要回到「一中各表」。

二、北京必須放棄「中華民國已經滅亡論」。非此，「一中各表」即無基礎，亦無意義。

國台辦在選後記者會上稱，「九二共識是源自雙方規定，不是大陸單方強加於台灣」，此說被認為是回到二〇一六年王毅的「憲法說」。

北京既知，九二共識的精神是源自中華民國憲法，則北京首先必須接受此憲法，及此憲法所承載的中華民國。同時，也要接受源自此憲法的「一中各表」，將之容納在「一中原則」的範疇之內。

北京若將「九二共識」建立在「中華民國憲法論」上，當然是九二共識的優化。

三、**兩岸不是國與國的關係，但兩岸在「一中各表」的原則下，應當是「互視為不是外國的國家」。這就不是兩國論，也不是一邊一國。**

過去東西德，即「互視為不是外國的國家」。今日南北韓，亦「互視為不是外國的國家」。唯北京當局以「中華民國已經滅亡論」對待台灣。

在今日已經演成「台獨不消滅中華民國，統一要消滅中華民國」的奇詭氛圍下，若多數台灣人民選擇「台獨」，而不選擇「統一」，其實一點也不奇怪。

因此，九二共識不可消滅中華民國，而要維持中華民國。基礎即在「一中各表」。

四、兩岸「互視為不是外國的國家」，可以建立在「現在進行式的一個中國」（過程論），及「共同締造論」（目的論）上。大屋頂中國（泛邦聯論），即是凌駕於過程論及目的論之上的共同政治基礎。這就是九二共識的進化。

五、綜上所論，九二共識的活化、優化及進化，均以「一中各表」為基礎。無一中各表，九二共識就沒有理由存在。

誠然，九二共識的或存或廢，對藍綠紅皆是難題。

國民黨：已有取消九二共識之議。因為，「九二共識沒有一中各表」、「九二共識就是一國兩制」的印象已經造成，國民黨不能再揹這個包袱。但是，丟掉九二共識，即形同承認過去國民黨的兩岸政策是錯的，亦即承認民進黨是對的。何況，否定了九二共識，不啻也就失去了「一中各表」的載具（未必是這四個字，而是指四字蘊含的精神）。無「一中各表」，國民黨的兩岸政策即無其他任何出路。

民進黨：如果廢掉九二共識，當然是蔡英文及民進黨暫時的勝利。民進黨是因為反對「一中各表」（因為「一中各表」也是「一中原則」），所以反對「九二共識」；卻說成是「因九二共識無一中各表，所以反對九二共識」。

這種顛倒的論述，混淆了視聽。因此，必須創造一個「九二共識包含一中各表」的情境，再來看民進黨如何表態。

民進黨可能視此次大選為台獨理論的進化，形成了殼獨及華獨的混合體。但如果台獨不能走到正名制憲，只要丟不掉中華民國的國號、國歌、國旗及憲法標題等，那就終究擺脫不掉兩岸的「中國連結」。因此，此次大選能否解讀為台獨路線的進化仍是一個疑問，反映的其實反而是台獨的天花板，亦即終究不可能正名制憲、擺脫兩岸連結，否則蔡英文就不會主張「和平／對等／民主／對話」、「拉近距離／互惠互利」。

如果民進黨畢竟甩不掉台灣的中國連結，就不能丟掉「一中各表」的戰略工具，也就不能輕率否定「九二共識」。

所以，一方面只要北京仍說「撼九二共識難」，蔡英文就甩不掉九二共識；另一方面，若無九二共識為共同政治基礎，蔡英文的「和平／對等／民主／對話」、「拉近距離／互惠互利」皆無可能。

中共：北京稱九二共識是定海神針，若放棄九二共識，就是自認失敗，並承認蔡英文勝利。因此，北京不可能丟掉九二共識。何況，倘若沒有九二共識，也等於根本廢掉了「一中各表」，兩岸未來就很難找到其他更佳的緩衝器及出路。若等到國民黨也因扛不起而丟掉九二共識，那麼，台灣的反台獨大平台也就真正面臨完全解構的終局。

因此，對綠紅藍三方來說，九二共識都有維持下去的理由，亦有使九二共識活化、優化、進化的必要。但是，若無一中各表，九二共識就根本不能立足。

我是九二共識的鐵粉。但九二共識若無一中各表，我反對。

我反對民進黨不接受「有一中各表的九二共識」，也反對國民黨接受「沒有一中各表的九二共識」。至於北京若「因沒有一中各表，而失去九二共識」，我認為這是天經地義之事。

二〇二〇年一月十九日

求同存異

九二共識就是建設性模糊

邱太三甫上任就祝福兩岸春暖花開。馬曉光說，九二共識就是春風雨露。若想打開九二共識這個結，首須搞清楚這個結是怎麼打上的。

九二共識是自九二會談繁冗複雜的對話與函電提煉出來的結晶。可用台方所提「第八方案」做為總結。那就是：「在海峽兩岸共同努力謀求國家統一的過程中，雙方均堅持一個中國的原則，但對於一個中國的涵義，認知各有不同。」

此中存有「九二共識三元素」。一、共謀統一。二、一中原則。（以上表述目的論）三、一中各表（側重過程論）。

先看台灣方面的變遷。馬英九執政期間，強調「九二共識／一中各表」（過程論），並主張「不統／不獨（以上目的論）／不武（也是過程論）」，這是放緩了目的論，提升過程論。

蔡英文執政後，始而主張「根本沒有九二共識」；繼而宣示「尊重一九九二年兩岸會談……達成若干共同認知與諒解的歷史事實」（可稱「九二會談共識」）；再進而指「九二共識沒有一中各表，沒有中華民國生存的空間」；最後，在一九年習近平「元二談話」後，逕指「九二共識」就是「一國兩制」，並罔顧北京幾度出面澄清。至此形同全盤否定了九二共識的意義，遂成死結。

再看北京方面。胡錦濤執政期間，主張「求同存異的九二共識」及「求同存異是九二共識的真諦」。這是包容了九二共識三元素，也考慮到目的論與過程論的平衡。

至蔡英文上任，習近平政府將「一中各表」定為禁忌語，不再稱「求同存異的九二共識」，改稱「體現一個中國原則的九二共識」；至「元二談話」則出現「共謀統一的九二共識」，並標舉「一國兩制／和平統一」。在此，三元素中的「一中各表」（過程論）被塗銷或降抑，「共謀統一」的目的論則提升。九二共識遂告打結。

可見，九二共識之所以打結，是蔡政府想根本否定九二共識，而北京則想將九二共識的重心從「求同存異」移向「共謀統一」及「一國兩制」。民進黨藉總統大選及香港反送中，將「九二共識」與「一國兩制」掛鉤，固然使中共操作「九二共識」的能量受到重創，但蔡政府也因此作繭自縛而無法從自己搞臭的「九二共識」脫身。

有目共睹，如今北京與蔡政府皆在試圖打開這個結。北京方面，一再解釋九二共識不是一國兩制，又幾番宣示九二共識包含了台方主張的「對於一個中國的涵義，認知各有不同」（一中各表）。蔡政府方面，則重申「依據中華民國憲法及兩岸人民關係條例處理兩岸事務」（憲法一中，不是台獨），並再申「尊重一九九二年兩岸兩會……秉持……求同存異的思維……達成若干共同認知與諒解的歷史事實」（九二會談共識？）。

可以這麼說，這是一個「相向而行」的影像。但是，雙方仍有明顯的分歧。

一、**是不是一定要叫做「九二共識」**？北京說「關鍵是承認歷史事實、認同核心意涵」，則是否指不必拘泥「九二共識」四字？前述蔡政府重申接受「一九九二兩會達成若干共同認知與諒解的歷史事實」，這算不算接受了「九二共識」？

二、**雙方的側重不同**。蔡政府認為九二共識已被「加註」（連結一國兩制及降抑一中各表）；但北京已對這兩項做了說明，不是一國兩制，包含一中各表。或許可說，蔡政府側重的是應當不加註，維持三元素中的「一中各表」，只是說不出口。相對而言，北京則強調，必須體現一個中國原則，不能改變兩岸同屬一個中國的法理與事實，側重的是三元素中的「共謀統一／一中原則」。對此，蔡政府幾度以「依據中華民國憲法與兩岸人民關係條例處理兩岸事務」來表達「憲法一中／一國兩區／一中各表」的潛台詞，但北京好像認為仍是語焉不詳。

打開結的方法，就是雙方都回到九二共識的三元素。中共可側重共謀統一、一中原則，但不可否定「一中各表」的存在與運作。蔡政府則可側重一中各表，但保留共謀統一、一中原則的兩岸課題。

對蔡政府言，既然宣示「依據中華民國憲法」，即當然不能迴避憲法一中及「國家統一前」的課題；但只要維持「統一公投」之類的民主防衛機制，即可維護中華民國的主體性。亦即，只要能側重並維持「一中各表／憲法一中」的運作，站穩在中華民國與中華民國憲法之上，九二共識確實可以成為兩岸定海神針。若失去九二共識，則連「中華民國／一中各表」亦失寄託。

邱太三說：「中華民國是一個主權獨立的國家，台灣從來都不是中華人民共和國的一部分。」就法理言，此說是在「一中各表」的範疇內。唯若「依據中華民國憲法」及「一中各表」，蔡政府畢竟不能說「台灣從來都不是中國的一部分」，因為中華民國就是中國。

但是，蔡政府的國家目標如果是台獨，就不必裝模作樣說什麼「尊重九二會談秉持求同存異的思維」。因為，台獨絕不可能「求同」。台灣要活下去，唯有努力在中華民國與中華人民共和國之間「存異」。

對北京而言，則應當接受「中華民國也是一中原則（求同）／中華民國就是一中原則（存異）」。關鍵也在「求同存異」四字。經過近幾年國際的與兩岸的衝撞，中共應當更有此種覺悟。如果北京看出蔡政府有想要轉彎的意思，就要給出一條出路，那就是維持「一中各表」的過程論，引導民進黨回到中華民國。若將蔡英文逼上李登輝和陳水扁一樣「無路可走，走上台獨」的下場，那恐怕不能算是中共兩岸政策的成功。

九二共識原本就是「建設性模糊」，模糊就在「求同存異」之中。不必抱著金飯碗要飯。

痛定思痛。打開九二共識的結，北京及蔡政府皆應回到九二共識三元素所含蘊的求同存異。雙方都不能把對方逼到絕境。此時，最忌看對方退讓就得寸進尺，也怕只護著一寸之失，卻失去一尺之得。

關鍵在蔡英文及習近平二人的一念之間。任何一人若偏要扭曲九二共識，九二共識就不能復元。

只是，蔡英文有任期限制又纏繞在民主體制中，甚至形同台獨的囚徒，騰挪空間較小；而習近平無任期約束，且幾可一人拍板，壓得住陣腳，可以大開大闔。因此，兩岸若要轉彎，寄望於習者或許可大於蔡。

近日習近平在福建宣示「兩岸三融」，全非「地動山搖」的口氣，這或許是一個好兆頭。

二〇二一年三月二十八日

中共九二共識的兩手策略

出口或囚室？

綠營及藍營，皆有許多人想把「九二共識」甩掉，卻是莫可奈何。原因是中共不肯丟掉九二共識，台灣就不得不面對這「未完成的答卷」。

中共不丟九二共識，至少有兩個原因：

一、自二〇〇五年連胡會以來，九二共識就是中共的兩岸論述主體，十八大以後且正式進入兩會報告，習近平並說過「九二共識是定海神針，沒有了就地動山搖」之類的話。事關威信，總不能山沒搖地沒動，九二共識就先消失了。

二、「共謀統一／一中原則／一中各表」，是九二共識「三元素」。其中，「共謀統一／一中原則」中共在什麼地方都能說，但「一中各表」只有在「九二共識」裡面才有。中共丟了「九二共識」，就也丟了「一中各表」；沒了「一中各表」，台灣就沒有出口，兩岸關係就絕無回復的可能性。反過來說，民進黨要甩掉「九二共識」，其實就是要丟掉「一中各表」。中共如今警覺這個出口萬萬不能堵上，所以「九二共識」不能丟。

面對九二共識，中共進退兩難，因此出現了兩手策略。一手是設法開闢「出口」，將台灣引回「一中各表／求同存異／擱置爭議」。另一手是民進黨若仍抵拒九二共識，作繭自縛，中共只要逆向操作，抓緊九二共識四字不放，就能使九二共識成了民進黨自囚的囚室。如此就成了進退兩可。本文嘗試談一談中共這兩手：

一、將九二共識當作出口

整個胡錦濤時代，皆可見到「出口論」。當時中共主張「求同存異的九二共識」、「求同存異是九二共識的真諦」。中共說的「求同存異」，就是馬政府說的「一中各表」。這就是九二共識的出口。

但是，到了蔡英文執政，中共不但壓制台獨，且也將「一中各表」列為禁忌語，不再提「求同存異的九二共識」，而改稱「體現一中原則的九二共識」，至「元二談話」又變成「共謀統一的九二共識」。出口堵住，遂形成今日變局。

如今，中共正在「搶救九二共識」，例如在對台論述下架了「一國兩制」，並重申「對於一個中國的涵義，認知各有不同」（一中各表）。在在可見，中共已經警覺，正在試圖回復九二共識的「出口」。

現在，民進黨已經不說「根本沒有九二共識」，而稱九二共識已被「加註」，或「九二共識沒有一中各表，沒有中華民國存在的空間」。這意思是說，如果要回到「九二共識」，那麼就先要回到「一中各表」。

可見，雙方都知道，九二共識的出口在一中各表。若連「一中各表」都沒有，就更別談「一中原則」及「共謀統一」了。

倘若雙方的爭議是在「一中涵義認知不同」，則其實中共已經給了「出口」。只是中共說不出「一中各表」四字，而民進黨則對中共種種「脫加註」的表態假裝看不懂。

相對而言，陸委會自邱太三接手後，也一再表述「依據中華民國憲法及兩岸人民關係條例處理兩岸關係」、「尊重一九九二年兩岸會談……秉持求同存異思維……達成若干共同認知與諒解的歷史事實」等等，但是民進黨自己也說不出「一中各表」，也說不出「憲法一中／一國兩區／九二共識」等潛台詞，所以中共也佯裝看不懂。

也就是說，中共與民進黨雙方，其實都在嘗試為對方開一出口，但迄無一方從對方的出口走出來。

二、將九二共識視為囚室

如果民進黨能回應中共的「脫加註」，且北京也願表達對邱太三「潛台詞」的理解，則雙方就有可能找到出口。但是，如今卻是明知對方在文字及語言上皆有迴旋的困難，卻仍不肯鬆手；這非但是讓對方沒有出口，其實也是各自作繭自縛。這固然對中共欲緩和兩岸關係不利，但對於民進黨來說，九二共識也就成了自囚的囚室，而這也許正是中共的另一手策略。

亦即，使民進黨以「九二共識」自囚，無法脫身，其實是中共所樂見，亦是中共反向操作的設定。

九二共識究竟是出口或囚室？因此成為民進黨面對的選擇。

民進黨的根本心結在台獨。如果是走中華民國路線，則當然應力爭「九二共識／

一中各表」，視九二共識為出口。民進黨今欲向中共力爭「九二共識沒有一中各表，沒有中華民國存在的空間」，那麼，民進黨為何不先明明白白回到中華民國，回到一中各表？

民進黨自囚於台獨，因此才會自囚於九二共識。

本文希望，中共及民進黨皆能以「求同存異」為雙方在九二共識的出口。中共勿將九二共識設想為使民進黨自囚的囚房，民進黨更不要用九二共識作繭自縛，而要力爭「九二共識必須包含求同存異的一中各表」來破繭而出。

本文認為，只要中共能解釋民進黨「九二共識沒有一中各表，沒有中華民國的空間」的質疑，民進黨即應設法從自己闖開的「求同存異／承認中華民國存在的事實」中走出來。民進黨若能爭到「一中各表」，就是為台灣及兩岸立了大功，因為中共也需要「一中各表」這個出口。

中共則應回到「求同存異的九二共識」，及「雙方各自相關規定（憲法體系）符合一個中國原則」（憲法說）。因為，中共反台獨，那是反獨派；但若反「求同存異／一中各表」，那是反中華民國，反二千三百萬台灣人，不能「心靈契合」，兩岸均無出口。

這個出口，萬萬不能堵住。

問題可能卡在文字上。例如，民進黨若說「尊重一九九二年兩岸會談求同存異達成若干共同認知與諒解的歷史事實」，中共就不用非要逼出「九二共識」四字。又如，北京既已一再重申「對於一個中國的涵義，認知各有不同」，並對台下架了「一國兩制」，民進黨就不必再說什麼「被加註」。重要的是先解開心結，嘴巴上不必強人所難。

畢竟，二〇一六年十二月，據信周志懷是傳達中共意念曾說：「九二共識的文字表述可被新建立的共識取代。」其實，現在雙方皆在嘗試找出可以取代的文字表述。

確實，如國台辦說，「關鍵是在承認歷史事實，認同核心意涵」。中華民國正是比「九二共識」更無可抹煞的「歷史事實」，因而「核心意涵」就是求同存異。如前文所述，胡錦濤時代就說「求同存異是九二共識的真諦」，當年的國台辦主任王毅應當還記得。

不必死抱幾個令對方不能迴旋的文字，抱櫝還珠。

二〇二一年五月九日

從目的論移向過程論

當一國兩制對台下架

「一國兩制」四字，連續兩年在北京兩會涉台報告失蹤，這應是「一國兩制」政策將悄然對台下架的徵兆。

對北京而言，這是合理的發展，也是不得不然的發展。北京已無可能繼續用「一國兩制」這個令全世界質疑、在香港擱淺，更在台灣全無生機的架構，做為對台政策號召。

對台灣，一國兩制已是殭屍政策。因此，下架是理智的決定，也是非如此不可。留著它，只是自討沒趣，自取其辱。

在兩岸關係上，北京現今最重要的問題在必須重建一套兩岸政策的新論述。因為，此前的兩大論述體系「一國兩制」與「九二共識」皆受重創甚至失敗。

「一國兩制」的口號存在已久，原本只是一個政治擺飾，無人認真探其究竟。但一九年習近平「元二談話」後，民進黨將「一國兩制」與「九二共識」掛鉤，再加上台灣大選與香港反送中的相激相盪，遂使「一國兩制」與「九二共識」均受重創。尤其，如今港版國安法立法，香港選制解構，落得「一國兩制」竟是如此「垂範台灣」，那麼這四字從兩會涉台報告下架，自是不得不然。這四個字在台灣已玩不下去了，不能傻傻硬撐。

跡象顯示，北京已在轉彎。一方面，「一國兩制」四字在兩會涉台報告下架，勢將淡出。另一方面，則在修補搶救「九二共識」。

一、新說法是：「推進兩岸關係和平發展和祖國統一。」這應是在強調，「統一」（目的論）雖是兩岸課題，但也不能放棄「兩岸關係和平發展」的過程論，這甚至是更重要的前提性課題。

二、新說法是：「堅持一個中國原則和九二共識。」加了一個「和」字，將「一中原則」與「九二共識」分切成兩個概念，並一再聲明「（雙方）對於一個中國的涵義，認知各有不同」。這應是在闡明，九二共識不是一國兩制（目的論），而包含了「一中各表」的九二共識則指向過程論。

以上新說法，是用兩組四個概念說出「兩堅持兩推進」，亮出轉彎燈號。「一國兩制」已是殭屍政策，「九二共識」也觸礁擱淺，如今已可見到北京在轉彎。但台獨路線也是殭屍政策，「九二共識」則成了作繭自縛，民進黨會不會轉彎？

邱太三接任陸委會後，幾度重申「依據中華民國憲法及兩岸人民關係條例處理兩岸事務」，這應是指蔡政府仍在憲法一中及一國兩區的架構之中，不是台獨。甚至問中共：「台獨的定義與概念是什麼？」意指如果民進黨持守中華民國，就不能視為台獨。

關於九二共識，則一再說：「台灣人民沒有接受並質疑北京當局所界定的『一中原則』的九二共識。」至此，不再說「根本沒有九二共識」或「反對九二共識」。說的只是，不接受「北京當局所界定」的九二共識。這是不是說：北京如果不再「加註」就好。倘是如此，能不能說民進黨也在轉彎，至少在做試探？

我認為，兩邊正在相互試探已是有目共睹，雙方都不會愚蠢到非要把殭屍政策一路走到黑。

其實，經過這兩年的激烈衝撞，兩岸當局都獲得了一些重大教訓。北京應已感知：含蘊著「中華民國已經滅亡論」的「一國兩制」，及意圖塗銷「一中各表」的

「九二共識」，絕無可能說服台灣人民。而民進黨也應感知：寄望於「中國崩潰論」的法理台獨已經幻滅，台灣的生存憑靠仍在「中華民國憲法（一中）及兩岸人民關係條例（兩區）」，而不在自欺欺人的台獨。

因此也可看出，前述雙方的試探其實是朝向「我不台獨，你不消滅中華民國」，或「我不消滅中華民國，你不台獨」的方向在推演。這就是「兩不路線」，亦即《大屋頂下》說的「兩鎖同開論」。

若從政治角力而論，中共能將民進黨穩住在「中華民國憲法及兩岸人民關係條例」上，已是不易達到的停損點。但中共或許可逼使民進黨不敢法理台獨，卻不可能迫民進黨棄守中華民國或接受一國兩制，因為這是台灣人民的共同底線。相對而言，民進黨今日能使北京對台淡出一國兩制（當然，主要是因香港的「垂範」），及取消九二共識「加註」，亦可視為難得的政治成就，但民進黨也絕無可能令中共接受台獨。

顯而易見，兩岸的解決方案，不可零和（台獨或一國兩制），必須雙贏（你不吃掉我，我不切斷你）。因此，雙方的均衡點是在相互維持中華民國。

除非發動武統（那是國恥與國難），在國際及兩岸情勢愈來愈複雜的趨勢下，兩岸統一（目的論）也愈來愈難，因而必須維持「兩岸關係和平發展」（過程論）就愈來愈重要。要維持兩岸關係和平發展，就必須維持中華民國。因此，中共在此際將「一國兩制」從兩會涉台報告下架，並闡明九二共識並非一國兩制且仍具「一中各表」之義，應可視為是要為較長預期的「過程論」做好鋪墊。

相對而言，陸委會主委邱太三在十八日再申，「尊重一九九二年兩岸兩會秉持相互諒解、求同存異的政治思維，進行溝通協商，達成若干共同認知與諒解的歷史事實」，以此回應北京所說的「核心意涵」與「歷史事實」，欲引導雙方在「九二共識」四字脫困。並宣布，即起恢復中方商務人士往來及評估其他境管事宜。這已不僅是試探，而有一點像是仙人指路了。

本文的期待是：中共應當認真思考，「下架一國兩制／補救九二共識」是一個合理、自然且正確的大局走勢，雖然並非出於中共的原本意志，卻是不得不接受的變化。民進黨則當思考，應認知並珍惜這個難得的大局變化，因勢利導，以保全「依據中華民國憲法及兩岸人民關係條例」來維繫兩岸競合（過程論）的有利地位。如果法理台獨終無可能，即不必將兩岸關係搞臭到這種地步。

一國兩制與台獨皆是殭屍政策。中共必須直面一國兩制的失敗，民進黨則必須認知法理台獨的必無可能。因此，兩岸的解方即在雙方相互維持中華民國，如此始可能

「推進兩岸關係的和平發展」，這也才是「合情合理的安排」。

在兩岸終極方案（一國兩制／台獨）失去支撐時，營造兩岸關係和平競合的「過程論」就比「目的論」更重要。這是我一貫的思想：先要有合理的過程，才可能有改善之目的。

統一難，法理台獨不可能，但猴年馬月的日子總要過下去。兩岸天平，目的論的法碼要減，過程論要加，始可能和平發展。

二〇二一年三月二十一日

武統掩護台獨？

忘掉武統　只能和平競合

中國要和平崛起，卻想武統台灣，這是矛盾的。

大陸流行的說法是：和平統一已無可能，只有武統了。但我的一貫看法是：武統不可採，必須忘掉武統，只能努力尋求和平競合。

談兩岸問題，有兩個體系。一個體系是認為武統的可能性很大。另一體系是認為不太可能武統。不同的認知，衍生出不同的體系。本文傾向後者，因為武統只可能在喪失人性及理智時發生，所以可能性不大。

關於武統之不可採，《大屋頂下》論述已多。簡言之，就兩岸來說，武統是國恥，也是國難。另就世界大勢來說，一方面國際阻滯中國崛起的意圖方興未艾，另一方面台灣問題的國際化也日益深化與固化。這些，皆使中共武統的風險愈來愈大，愈來愈不可採。

中共可能認為，武統就是懸在台灣頭上的達摩克利斯劍，哪一天線斷劍落，台灣問題就解決了。但中共也不妨想一想，這其實也可能是西方懸在中共頭上的劍，當武統把線剪斷，劍就會落到中共的天靈蓋上。

事實證明，中共愈來愈強大的武力，或可用以震懾法理台獨（法獨），但對借殼台獨（殼獨）完全使不上力，因此也對鞏固兩岸和平發展沒有積極作用，何況愈來愈不可能武統。畢竟，軍機繞台與武統不是一個檔次的問題。

原因在兩岸問題的本質已根本改變。過去，中共是要對付法獨，如今卻是面對殼獨。所謂根本改變，就是說對「法獨」或許要明白宣示以武力鎮壓「法獨」；但對「殼獨」，卻變成了必須「維持原真中華民國」，阻止「去中華民國化」。要「維持原真中華民國」，不能靠武力威脅，而必須拿出「維持原真中華民國」的方法。

但是，中共的對台政策卻有三個基本的矛盾：

一、中共當然希望能維持原真中華民國，否則就不必說「兩岸各自相關規定（憲法體系）符合一個中國原則」。但是，中共在實際操作上卻採「中華民國已經滅亡論」，連「一中各表」都打壓，且以消滅中華民國為目標（一國兩制）。

二、中共一向將武統做二分法，說「只是針對外部勢力干涉和台獨分子，而絕不是針對台灣同胞」。但是，在「殼獨」的「中華民國台灣」下，你要如何將「台獨」與「中華民國」及「台灣同胞」區分？何況，台灣愈來愈多「原真中華民國」的支持者漸生「懼統容獨」之念。

三、「原真中華民國」的支持者，是台灣民間反台獨（反法獨或也反殼獨）的基本族群，但中共對中華民國的壓制，已使這個群體失去了反台獨的心靈憑藉。

因此，中共在對「法獨」維持武力戒備的同時，面對「殼獨」上升、中華民國式微的大勢所趨，若仍想以武統做為不知猴年馬月的終局解決方案，而不知設法「維持原真中華民國」，坐看中華民國異化、變質、流失，那真是反向操作，逆勢而行，自貽伊戚，自招憂患。

本文認為，中共若搞到兩岸只剩武統，就證明其兩岸政策的失敗。中共若覺悟武統之不可為，就當努力尋求和平競合之道。關鍵在：應知「原真中華民國」是兩岸定海神針。

何況，中共以為武統可以震懾台獨，卻恐是適得其反。民進黨一方面渲染中共的武力威脅，另一方面放大「九二共識沒有一中各表，沒有中華民國的空間」的芒果乾，搖身一變就成了抵禦武統的「中華民國捍衛者」。此一「以武統掩護台獨」的理論，信手拈來，全不費功夫。

借殼台獨未來雖必然演成民進黨的作繭自縛，但在此一階段卻成了民進黨的舒適圈。

在武統論下，大嚼芒果乾，民進黨就能繼續操作仇中反中的民粹，且將台灣內部可能蘊存的其他兩岸和平方案全部都封殺阻擋在外，使台灣只能與對岸仇恨以對，與和平絕緣。因此，武統論遂成民進黨主張仇恨、綁架台灣、拒絕和平、延續政權的工具。

兩岸若欲解開僵局，中共應當忘掉武統，因為武統使台灣愈行愈遠。民進黨也勿再緊抱台獨，因為台獨使大陸的對台敵意更加強固。雙方都不要「利用」武統，都要回到「原真中華民國」上面來。

首先，應當建立起「你不消滅中華民國，我不台獨／我不台獨，你不消滅中華民國」的默契。也就是「兩不路線」。

先說民進黨。中共軍機繞台，我軍升空警戒，廣播詞稱「我是中華民國空軍」，而不稱「中華民國台灣空軍」或「務實台獨工作者空軍」。那麼，民進黨何不就堂堂正正回到中華民國來?

民進黨若真正回到中華民國，與美國的「一中政策/和平解決」更加貼切，也與「依據中華民國憲法及兩岸人民關係條例處理兩岸事務」的戰略完全一致。若能從「借殼的假台獨」轉身為「中華民國的真正捍衛者」，相信能在台灣內部、兩岸及國際上打開一個全新的局面。

台獨無和平。民進黨勿再扼殺兩岸和平方案，而應公開問責中共在「承認中華民國存在的事實」上共同促進兩岸和平競合。沒錯，您沒看錯，我說的就是民進黨應代表中華民國就兩岸關係「問責」中共。此正其時。

邱太三問北京：「台獨是何定義?」但何不開門見山就問：「中華民國是不是台獨?」

再說中共。二〇一六年，蔡英文上任。中共一面升高反對台獨，另一面否定「一中各表」，想把民進黨兩頭掐死。不能台獨，也不能中華民國。不料，此計不能阻擋殼獨，卻重傷了中華民國，甚至使民進黨以「九二共識沒有中華民國空間」倒打一耙，弄得中共到現在灰頭土臉。可見，中共反台獨，就必須給中華民國出路，放棄「中華民國已經滅亡論」。

中共十九屆五中全會的政府工作報告，將「一國兩制」下架，且通篇報告的涉台論述僅僅只有「推進兩岸關係和平發展和祖國統一」十五個字。幾十年的辛苦經營只剩十五字，這是多麼蒼涼又無奈的景象？

不過，在這僅僅十五個字中，難得又將好久不見的「兩岸關係和平發展」八字重新提出，可謂占了很大的篇幅。不能和平發展，其他都是空談。這是不是值得深思的時刻？

中共若能回到「一中各表」的中華民國，推進兩岸和平競合，即使民進黨依然故我，但台灣反台獨的力量可以獲得支撐。

BNT疫苗交易成功，可視為兩岸博弈的示範。北京止步在「台灣地區」，自知不能走到「中國台灣」等地步，而台方亦不能不回頭以憲法及兩岸人民關係條例來理解「台灣地區」。互不推擠，雲破天開。

忘掉武統，放下台獨。兩岸統一不易，但和平競合不難。只要回到中華民國，中華民國就是兩岸定海神針。

二〇二一年七月十八日

第三部

民進黨與台灣

為何要如此恨中華民國？

中共的兩岸政策是「中華民國已經滅亡論」，台獨的兩岸政策也是「中華民國已經滅亡論」。

中共與台獨，互為消滅中華民國的ＯＥＭ代工者。

台獨只能是革命者或反對者的主張，不能做為執政黨的國家生存戰略。民進黨的政績是：台獨幻滅，民主失敗，兩岸無和平。

台灣的生存憑藉是「中華民國不可消滅論」。不可消滅於台獨，也不可消滅於中共。

台獨不消滅中華民國　統一要消滅中華民國

大選對兩岸關係的啟示

本文寫在二〇二〇年總統大選開票日。

韓國瑜敗選的原因，可做「六／三／一」開。敗因六成在北京，三成因王金平、郭台銘等，一成在他自己。

此次大選印證北京對台政策失敗。但也絕非蔡英文團隊兩岸政策的成功，反而可能是陷於更嚴重困境的開端。

這是受到北京因素衝擊最大的一次大選。大於一九九六年的飛彈危機，也大於二〇〇〇年朱鎔基放狠話。一、遠因：北京始終持守「中華民國已經滅亡論」。二、中因：北京自二〇一七年將「九二共識／一中各表」定為禁制語。三：近因：習近平去年元月二日談話，標定「共謀統一的九二共識」，並楬櫫「和平統一／一國兩制」。

習近平的談話，使台灣政治情勢在一夕間全盤翻覆。蔡團隊操作「九二共識就是一國兩制」、「九二共識沒有一中各表，沒有中華民國生存的空間」、「用九二共識掏空中華民國」、「統一，就是要消滅中華民國」、「台獨捍衛中華民國」等論述，加上香港反送中事件的襯托，營造「亡國感」的氛圍，成為勝選的主因。經此大選，可用兩句話概括兩岸情勢：

一、台獨不消滅中華民國。

二、統一要消滅中華民國。

蔡團隊的兩岸思維主軸是：中華民國台灣。

這是「台獨」與「華獨」的混合體。退一步是台獨，進一步是華獨。形成一種「台獨捍衛中華民國」的奇詭氛圍。台獨原是滅國者，如今卻成護國者。賴清德尤將此種意象表達得淋漓盡致，林靜儀的觀點則已落後。

此次大選，可謂就是在「台獨不消滅中華民國」及「統一要消滅中華民國」的辯證弔詭中進行，台灣人民也做出了選擇。並可預見，選後的兩岸形勢也將朝這兩句話的內涵與方向演化發展。

對民進黨而言，法理台獨（法獨）不可能，借殼台獨（殼獨）不夠用，因此朝「殼獨與華獨混合體」發展。蔡英文連任後仍將在「殼獨」與「華獨」的路徑與比例上再做抉擇及拉鋸：一、繼續「殼獨」，留下中華民國國號，繼續「去中華民國化」。二、靠向「華獨」，以「一中各表」（也許換成別的幾個字）的思維，修復兩岸關係，並引領民進黨轉型。

相對來看，北京的「一國兩制」，仍然囿於三個套路：一、老三句，中華人民共和國政府是中國唯一合法政府。二、「中華民國已經滅亡論」。三、統一是統一在中華人民共和國之下。總之，就是要消滅中華民國。

近幾年來，北京認為，一手用「反台獨」封死民進黨，另手用「反一中各表」封死國民黨，就能使台灣進退無路，搞定台灣。但是，北京想不到的是：民進黨此次居然是以「九二共識沒有一中各表，沒有中華民國生存的空間」及「台獨捍衛中華民國」等意象而贏得大選。借力使力，打蛇隨棍上。

這次大選印證北京對台政策失敗。北京要消滅中華民國，但若在台灣連中華民國都站不住，「中國」還站得住嗎？更別說要台灣「統一」到中華人民共和國之下了。

因此，北京要承認對台政策的失敗。不承認失敗，就不知改錯，就會錯到底。

薄瑞光選前引述北京消息說，這次大選中共在乎的是台灣方面的兩岸政策，而不是誰贏。蔡英文則說「蔡習會聽起來滿誘惑的」。可知，雙方皆有「兩岸重開機」的心念。重開機的可否及成敗，至少涉及下述因素：

一、兩岸能否再開機，首先卡在「九二共識」。由於蔡團隊將「九二共識就是一國兩制」設為大選主題，這使雙方在選後都更難退讓。「九二共識」若要廢，如何廢？若要留，又如何留？這是兩岸必須共同面對的新答卷第一題。

二、蔡英文及民進黨勝選，是贏在仇中反中的民間情緒，而絕非贏在其兩岸政策的正確，亦非勝在其民主、法治、經濟等治理績效。相反地，其仇中反中的操作，及「九二共識就是一國兩制」的說法，皆增加了選後轉圜的困難。一般認為，這一回中共若不翻臉則罷，一旦翻臉恐就不易收拾。蔡英文若不想以成為第三個李登輝、第二個陳水扁收場，應當把握「重開機」的契機。

前文指出，蔡英文已建構「殼獨與華獨的混合體」。則「殼獨的下一站：華獨」或許是蔡英文歷史定位的可能探索，也應是民進黨改弦易轍的可能路徑。但蔡英文的第一個障礙，卻是賴清德等人。

三、選後，在經濟面，北京可能要考慮是否脫鉤斷鏈的問題。是否脫鉤，對民進黨或許是兩可；不斷最好，斷了也許更有利台獨路線。但脫不脫鉤，對北京卻是兩難；不壓迫經濟，別無表態工具，脫鉤卻可能剪斷兩岸臍帶。

至於在政治方面，當台獨不消滅中華民國，若北京仍要消滅中華民國，北京在台灣沒戲。

蔡英文若在「台獨」與「華獨」間擺盪，北京應引導其向華獨靠攏。因為，對北京言，華獨優於殼獨，殼獨優於法獨。即使談「統一」，「華獨」也是「統一前」的必要及必然形態。

北京應知：台灣是水，中華民國是杯；杯在水在，杯破水覆。北京要穩台灣，就要放棄「中華民國已經滅亡論」。

四、這是國民黨天王們歷來演出最醜陋的一次大選。韓國瑜對內主要敗於王金平及郭台銘的窩裡反。經此役，國民黨選後的分崩離析應可預見，台灣的反台獨平台亦終於解構。但國民黨兩岸政策的敗因仍在北京。北京甚至不容「一中各表」，則中華民國在台灣如何立足？遂致此次大選演出「中華民國不能捍衛中華民國」，反而變成「台獨捍衛中華民國」。

五、最後談美國。川普政府無疑已將「反對任何一方片面改變台灣海峽現狀」，推演至「反對任何一方片面改變中華民國現狀」。例如：見諸公開（並立法）防阻中華民國現存邦交國與中華民國斷交，甚至有人倡議「台灣主權象徵法」，主張接納青天白日滿地紅旗為台灣主權象徵符號等。現況是：台獨已與華獨混和，宣稱台獨捍衛中華民國（包括「反滲透法」）；美國也公開維護「中華民國的現狀」。只有北京要消滅中華民國。於是，今日看來，美國與民進黨是在共同維持一個「殼獨與華獨的混合體」。台灣政治不啻已經進入「台獨不消滅中華民國 vs. 統一要消滅中華民國」的奇譎弔詭之中。這是五年前我在上海兩岸座談會的預言，已經應驗。

倘是如此，北京應知：兩岸若不發展出「現在進行式的一個中國」（一中各表）及「大屋頂中國」之類的概念與體制，「中國」將如何留住「中華民國」？如何留住台灣？

二〇二〇年一月十二日

五二〇蔡英文想不想回頭

一月十一日大選揭曉日，我說，民進黨的兩岸論述「中華民國台灣」已成「台（殼）獨與華獨的混合體」。退可台獨，進可華獨。

我如此說時，或許有些民進黨人也未看出他們的新座標。選後，出現賴清德的「中華民國新生論」，與蔡其昌的「中華民國接手論」。輪廓已現。

此一架構，使民進黨對內可卸下正名制憲的包袱，對外可避免授與中共武統的藉口。跨架在「殼獨」與「華獨」的牆頭上，看似可以坐擁「殼獨／華獨」的兩面利益。退是台獨，進是華獨。

此際，兩岸都在觀察，在選季將「仇中保台」、「亡國感」炒得沸沸揚揚的民進黨會不會回頭？及應不應該回頭？如果不回頭，是不想回頭、不敢回頭、回不了頭或回頭無用？如果想回頭，則如何回頭，及回了頭有沒有用？

「台（殼）獨與華獨混合體」，正是在回頭與不回頭之間。民進黨現在站在「中華民國台灣」上的抉擇，就是在多一點「台（殼）獨」或多一點「華獨」之間。

我的建議是：多一些華獨，少一些台獨。

我之所以用「台（殼）獨與華獨混合體」來描述此時的民進黨，一方面是敘寫事實，另一方面更多的是表達對民進黨的期待。畢竟，民進黨必須先走出正名制憲的死巷，甩掉法理台獨這一口鍋，民進黨及兩岸始能有其他可言。

以下來看看內外情勢：

一、先談綠營內部

此次大選，民進黨大勝。就綠營路線鬥爭言，一邊一國行動黨、喜樂島聯盟及台聯等深獨派系皆成泡影；且那些小綠皆未以更加強烈的台獨主張為訴求，而是以華航私菸案或論文案等為區隔。此皆可見法理台獨、正名制憲在社會已經退潮。另者，就權力鬥爭言，如今蘇貞昌、游錫堃、陳菊、謝長廷、許信良、蘇嘉全等元老皆被蔡英文收服，這也是陳水扁都沒有的場面。

也就是說，無論就綠營內部路線鬥爭或權力鬥爭言，蔡英文此時皆已占據相當優勢，因此在兩岸操作上應可闢創一些空間。可先搞定卸下法理台獨的內部共識，再從「中華民國台灣」打開出路。

比如說，「中華民國台灣」若是口語表述，則以「中華民國（台灣）」為文字表述。雖然只是加一個括弧，亦是一種表態。

二、再看對美情勢

由於亟思阻擋中國崛起，川普政府的對台政策相當激進。從《台灣保證法》、《亞洲再保證倡議法》、《國防授權法》、《台灣旅行法》，一路切香腸，直至《台北法案》，蔚為台美關係的高峰。

不過，即使以《台北法案》言，主旨仍在維護台灣（當然指中華民國）的「邦交國」，此即顯示美國並不主張法理台獨（因此要維護中華民國邦交國），且欲藉此法公開反對中共壓制中華民國。

也就是說，美國的兩岸政策底線是「維持中華民國」，而不是「支持法理台獨」。

因為，「維持中華民國／和平解決兩岸問題」，仍是美國成本最低、最有效的兩岸政策。在此框架下，蔡英文若是想以「台獨」做為對美關係的交換，非但是一廂情願，且是誤入歧途；更簡直是「美國要五毛／台灣給一塊」的愚不可及，因為美國顯然認為法理台獨為非分之想。

因此，台灣以「挺住中華民國」做為對美關係的錨定，對台灣言，也是成本最低、最有效的策略。

也就是說，若要美國與國際挺台灣，中華民國就夠了。不必台獨，也不可台獨。台獨就成了麻煩製造者。

三、再談兩岸互動

兩岸一衣帶水，同文同種，「中國崛起」即使有波折，但「中國崩潰」卻未必出現。因此，對台灣言，不統、不獨、不武，就是台灣維持兩岸關係的「納許均衡」。

尤其，兩岸互動，台灣不僅要面對中共政權，更要面對民族主義深重的十四億中國人。台獨會把十四億人和中共綁在一起，唯中華民國始有可能獲得十四億人的理解、同情與支持。對於十四億人而言，台灣做為「台獨堡壘」或「民主燈塔」，意義與作用殊如天壤。

那麼，為何民進黨非要將自己綁在撕裂台灣、美國不支持、中共敵對，十四億人又仇視的台獨之上？既已明知法理台獨不可行，就應當回到中華民國來。

然而，殼獨與華獨畢竟不同。殼獨是明知法理台獨不可行，須靠中華民國維生保命，卻方方面面用台獨的方法來戕害掏空中華民國。華獨則是知道台獨終非生存戰略，而用中華民國來捍衛中華民國。

殼獨，自殘內傷。民進黨在重新起步時，若能表現出多一點華獨，少一些殼獨，兩岸的空間都會大一些。

前文問：民進黨會不會回頭？應不應該回頭？如何回頭？及回頭有沒有用？

有人說，蔡英文不是不想回頭，而是不敢回頭。因為，法理台獨雖已非台灣對外戰略，但台獨語言卻仍為民進黨的內鬥主題。例如：當賴清德轉向「中華民國新生論」好像要下車，蘇貞昌又唱「中國是一個國，台灣也是一個國」的兩國論。只要民進黨內部權力鬥爭仍以互爭台獨為養料，蔡英文就很難回頭。再如：綠委曾經動議修訂《兩岸人民關係條例》，揚言要刪「為因應國家統一前之需要」等語，這也使得五二〇演說是否維持「依據中華民國憲法及兩岸人民關係條例處理兩岸事務」出現懸念。

另一個影響蔡英文「敢不敢回頭／回頭有沒有用」的更大因素在北京。

我認為，蔡英文如果站上「台（殼）獨與華獨混合體」，北京應協助及引導她「少一點殼獨／多一點華獨」，俾為兩岸進一步和解創造條件。說白了，就是要把蔡英文先穩住在「華獨」上，再圖未來。

華獨已被汙名化，但對於北京來說，兩岸尚無統一的可能，則台灣倘能守住華獨的體制，已是最佳的狀態。

北京當然會希望蔡英文先回到華獨再說。當蔡英文說「台灣／中華民國台灣／中華民國」時，北京會巴不得蔡英文多說幾次「中華民國」。因為，兩岸統一不易，在漫長的「統一前」，中共會喜愛「華獨」勝於「台（殼）獨」。

但若蔡英文認為終究得不到北京的回應，回頭也沒有用，她就會不想回頭或不敢回頭。過去，北京的「中華民國已經滅亡論」曾將李登輝、陳水扁逼到牆角。今年五二〇，倘若蔡英文能維持「依據中華民國憲法及兩岸人民關係條例處理兩岸事務」之類的立場，北京應視為「期待可以更好的答卷」，不能再說是「未完成的答卷」。

在兩岸歷史定位上，蔡英文不必也不可做第三個李登輝、第二個陳水扁。她敢不敢回頭，主要看她能否擺脫黨內的綁架；回頭有沒有用，則主要看北京的智慧與高度。

拭目以待五二〇兩岸論述及北京兩會涉台文告。

二〇二〇年五月十七日

場所的悲哀　國葬李登輝

寫李登輝辭世，原文為系列三篇。

李登輝葬於五指山國軍示範公墓特勳區，正是無與倫比的「場所的悲哀」。他在泉下說：「我不是我的我。」

這是一個充滿矛盾與尷尬的葬禮。李登輝說「中華民國已不存在」，他卻榮享中華民國國葬。二十年來他的政治場合獨旗招展，死後卻國旗覆蓋。李登輝，你生不願為中華民國人，死卻為中華民國鬼。

場所的悲哀，在李登輝口裡，是指時空錯置的國家。我不是我的我，則是在說他時空錯置的人生。

李登輝蓋棺難論定，正因論者各自所據的「場所」及「我」完全不同。若將李登輝視為岩里政男升級版、將台獨視為出埃及，或將他視為中華民國總統、將台灣視為中華民國對抗中華人民共和國的平台，這對如何蓋棺論定李登輝根本是兩個截然不同的標準。

中華民國故總統李登輝當國葬於特勳區，若是岩里政男升級版則當入祀靖國神社。這是春秋大義，含糊不得。

國葬，對李登輝是當之無愧？或自取其辱？

李登輝執政十二年，位高權大，自多遺功遺愛。但倘以約瑟夫．奈伊評價政治人物的三個標準來看李登輝的主體表現，他在中華民國總統及岩里政男的兩種角色皆是失敗的，他所主持的中華民國及出埃及也都是失敗的。

何謂主體表現？比如說，史家承認秦始皇書同文、車同軌等功勳，但共認他的主體表現是一個負面人物。

奈伊的三個標準是：一、動機：李的動機有正有邪，所以要看他的手段及結果。二、手段：惡劣，甚至猙獰。三、結果：敗壞，也就是又敗又壞。茲分四個主體表現的領域略論：

一、**兩岸**：李自《國統領綱》走到「兩國論」，甚至被美國阻擋他修憲，這是李登輝中華民國路線的失敗，但他後來解釋這些只是詐欺的權術。被逐出國民黨後，他改稱「中華民國是國王的新衣」，更出任「台灣正名運動」總指揮，聲稱「台灣正名，才能真正確立國家發展目標」。但後來他又幾次改口稱「我不是台獨教父，也從來沒有主張過台獨」。至此，中華民國與台獨，皆是他權謀與權鬥使用的謊言而已。我不是我的我，錯亂到此地步。

二、**修憲**：主持六次修憲，卻毀了這部憲法。毀憲證明李登輝是個權謀本位的嗜權者，對民主憲政沒有信仰，更無堅持。例如，他為確保自己參與總統直選安全上壘，將總統選舉定為相對多數制。又想以國安會（將行政院長定為國安會副主席）取代行政院，卻又迴避權責相副的總統制，但此一修憲圖謀未逞。因此竟使得現今在憲法上的總統，不但無責，更敗壞的是總統亦無憲法明文所授權力，而全憑其直選光暈以權術及權鬥來界定其權力的範圍。諸如此類，李登輝修憲而毀了許多憲法天條，已是公論。

三、**民主**：蔣經國解嚴，挖開了台灣的民主之泉，使李登輝獲得了最大的政治能量，踏著民主的大浪而來，但在重大操作卻背離民主，台灣的民粹政治亦始自李登輝。例如，前述修憲就重傷了憲法的民主機制，且他在一九九九年欲修憲讓自己延任總統，被美國阻擋。再如，他曾欲以每年一億五千萬元收買民進黨，不必報銷、不必收據，但為施明德所拒。又如，他被逐出國民黨後，另立台聯；看似做為民進黨的側翼，卻是用來挾持民進黨。這使得民進黨的轉型受到李的挾制，最後逼到陳水扁拿出一張國安密帳的「名單」，與李攤牌。另如，李又親自發動退聯合報運動，扼殺新聞自由。凡此均嚴重背離民主準則。看褒揚令頌讚李登輝的民主成就，卻未忠實記錄他更重大的台獨事功，尤其迴避了民主與台獨皆因他的操弄而異化。這是一紙明目張膽欺世盜名的褒揚令。

四、政風：黑金就不用說了。政治權謀橫行，金錢汙染政治，國家認同解構，社會撕裂，戾氣瀰漫，皆以李登輝為鼻祖。

因此，若以奈伊的三標準言，李登輝在兩岸、修憲、民主及政風等主體表現的結果皆是敗壞的，遺害無窮。動機，則有正有邪，要看他在不同階段的不同心境。因此，世俗對李登輝評價最高的項目是在他的手段。縱橫捭闔、翻雲覆雨。但「一代梟雄」若是一個褒謚，也不是頌稱他的品，而是凸出他的術。中華民國的難題，若期待馬基維利型的梟雄來解決，那是請鬼拿藥單。何況，李的「手段」真的都是無往不利嗎？僅舉二例：

例一：他任郝柏村為行政院長，若真心相待，以郝的血性義氣，必真心為李效力，兩人關係應可軟著陸。但李卻以「養／套／殺」來對付郝柏村，用台獨反郝來借刀殺人。但李作踐郝柏村，卻以觸動整個傳統藍營與他決裂為代價，遂成他一生的政治負債與芒刺。這樣的「手段」，高明何在？

例二：宋楚瑜為李肝腦塗地，但李後來一路算計宋楚瑜，欲使宋成為第二個郝柏村。二〇〇〇年，李登輝連「連宋配」（宋為副總統搭檔）都不同意；後來，李被迫欲接受連宋配，但宋不回頭，李遂發動興票案來對付宋。倘若李滅宋的私心不是那麼重，當年成全了連宋配，他就不會被逐出國民黨，也不必去當台獨教父了。封殺宋楚瑜，李以自己殉葬。且他讓連宋互鬥，最後他失去宋，也失去連。這樣的「手段」，又高明何在？

我在二〇〇六年寫〈李登輝的漏斗型人生〉。蔣經國贈給李登輝解嚴及開放兩岸交流兩大遺產，使曾是岩里政男的李登輝突然以中華民國總統的地位站在幾乎處處可以點石成金的歷史漏斗的最開闊處。但想不到的是，後來中華民國總統李登輝竟從漏斗最開闊處，一路墜下變成漏斗最窄末端的岩里政男升級版。

開場與過程驚心動魄，結果卻一塌糊塗。此即李的漏斗型人生。

褒揚令稱李登輝「誠實自然」，但盡人皆知李登輝的一生只是一場騙局。騙局的核心，是將台灣人對抗中華人民共和國的心態，扭曲成使台灣人以中華民國為敵人。他騙了中華民國，騙了台獨，也騙了他自己，自欺欺人。所以他說「我不是我的我」。最後他厝在特動區更是一騙到底了，真是「場所的悲哀」。

民進黨曾稱他「老番癲」。國葬的李登輝備極哀榮，蔡英文儼然以繼志述事自期。但領受中華民國總統薪俸的蔡英文何妨想一想：妳自己若到了那一天，是不是也以中華民國卸任總統的身分治喪？要不要覆「這個國家」的國旗？要不要也借厝五指山特動區？後人又如何寫妳的褒揚令？論定之日，蔡英文的「我」究竟是個什麼樣的「我」？

蔡英文，要讓這「場所的悲哀」再傳唱下去嗎？

二〇二〇年十月十一日

為何要如此恨中華民國？

連台積電也是蔣經國時代的遺留

在美中「晶片戰爭」的背景下，看新竹科學園區四十週年。觸景生情，思前想後。想著想著，居然想到蔣經國，想到孫運璿，想到中華民國，想到台獨。

現今台灣半導體的年產值突破三兆元，台積電在世界晶片工藝首屈一指，非但是護國神山，更成為國際戰略博弈中的重要角色，台灣儼然成為矽文明的中心。

這個成就，始於四十年前。在蔣經國總統任內，由行政院長孫運璿及政務委員李國鼎主持，從工研院「分生」出第一家半導體公司——聯華電子；聯電的技術由工研院移轉，資金由孫內閣協助募集，廠址由孫內閣安排。扶上馬，送全程。後來，幾為同一模式，又有了台積電。又後來，有二百餘名工研院的相關菁英相繼走向民間，開枝散葉。今天，四十年後，台灣已成世界矽文明的頂級重鎮。

想到這裡，可發現蔣經國留給台灣的遺產，不只是解嚴的民主化，及兩岸交流的和平化，連台灣今天成為矽文明重鎮，以及連台積電成為全球晶圓牛耳，也是蔣經國時代的濫觴。

想著想著，我不覺想到：台獨為什麼要這麼恨中華民國？台獨以中華民國為敵人。陳水扁說「中華民國是什麼碗糕」，李登輝說「中華民國已不存在」。台獨要正名制憲，在台獨的論述中，中華民國只等於二二八，中華民國只等於白色恐怖，中華民國只等於戒嚴。因此，台獨對中華民國輕蔑、攻擊、汙辱、否定、仇恨，台獨要推翻中華民國。

但是，若連台積電也是蔣經國時代的遺留，大家要不要冷靜下來，好好想一想中華民國對台灣的意義。

在蔣介石及蔣經國治下的中華民國，留給台灣的不只是新竹科學園區與台積電而已，其實在方方面面都為台灣建構了生存發展的深厚命脈。

從台灣的基本命盤說起，倘若當年蔣介石也像李宗仁那樣一走了之，未能撐住中華民國，台灣必已成為中華人民共和國的一部分，李登輝、辜寬敏、彭明敏這些地主皇民階級都是黑五類，整個台灣也必已經歷三面紅旗、文革等腥風血雨。再就台灣的社會結構言，中華民國政府實施的三七五減租、九年國教、公保勞保（又放大為全民健保）、勞動基準法等社會工程，使中華民國成為社會公平及社會流動相對優異的國家。所以，三級貧戶之子陳水扁亦可出任總統。再就防禦中共軍事侵略言，中華民國贏得古寧頭戰役，並撐起八二三砲戰，且在多次兩岸空戰皆捷，印證中華民國捍衛台灣的意志與能力。另就國際博弈言，中華民國成功操作冷戰機遇，甚至在聯合國常任理事國席位續存了二十二年。至美中建交後，台灣最重要的國際支撐，包括《台灣關係法》、「六項保證」及美台軍售關係，皆是中華民國政府完成。若就經濟發展言，則自進口替代、加工出口區、十大建設，到四小龍之首，中華民國皆是發展中國家的典範。今日成為世界矽文明的重鎮，也是當年高瞻遠矚的實現。

由於戒嚴體制，威權政治是社會受傷較重的地方。唯中華民國憲法以三民主義為依歸（這不像中華人民共和國憲法以一黨專政為先驗規範），因此，政府必須承當民主承諾及民間必然追求民主兌現（從雷震事件到美麗島事件），皆成社會發展的趨勢。所以，在朝野的民主角力中，當局一方面嘗試限縮民主，但另一方面也在明顯地操作「分期付款的民主」。最後，蔣經國宣布解嚴，使得「不流血的民主轉型」在中華民國實現。

至於兩岸關係，蔣經國以「開放探親」開啟了兩岸和平交流的可能性。尤其，蔣經國以解嚴使中華民國真正進入民主政治，因此也使得兩岸關係與台灣的民主政治掛鉤。這成為台灣在兩岸折衝中的最關鍵性憑藉。有民主，就有主體性。這更是中華民國的不凡成就。

中華民國當然也多缺陷。但是，自一九四九年以來，中華民國在台灣的成就也當然不只是新竹科學園區與台積電而已。若能冷靜下來，理智地想一想，前述那些方方面面的經歷與成績，有哪一項不是台灣今日及未來生存發展的命脈之所繫？

那麼，不禁要問：台獨為什麼要這麼仇恨中華民國？

因為二二八，所以要台獨。道歉、認錯、賠償、立碑、塑像、闢紀念公園，沒有用。二二八以後，中華民國政府做了前述一切努力（從竹科到解嚴等等），也沒有用。台灣的政治就是「唯二二八政治」，或「唯白色恐怖政治」（轉型正義要洗白匪諜）。要將台灣的社群意識永遠停格在二二八。

台獨分子永遠是「壯志飢餐二二八肉」，永遠要啃食二二八受難者的屍骨，還要全體台灣人永遠與他們共餐腐肉、共飲血水。

其實，如果台灣是一個封閉的膠囊，只憑二二八這一件事，台獨就能推翻中華民國，另建台灣國。但是，台灣卻是一塊來自大歷史且必須回應大歷史的土地。因此，台灣在當前及未來的最優先的大歷史課題，無論如何都不是要推翻中華民國，不是搞台獨，而是必須抗衡對岸的中華人民共和國，回應大歷史的挑戰與考驗。

簡白地說：以台獨對抗中華人民共和國是自找死路。用中華民國抗衡中華人民共和國，尚有一搏的可能。就抗衡中華人民共和國來說，中華民國有哪一點不比台獨強？但是，台獨卻以中華民國為敵人，要去中華民國化，要置中華民國於死地。台獨根本是中共的OEM代工者。

再回到竹科四十週年的此時此刻。遙想當年，蔣經國政府、孫運璿內閣，掏心掏肺、羅掘窮絀的資源，高瞻遠矚，想的是要用竹科為台灣未來開路。且看今日，蔡英文政府及蘇貞昌內閣最風光耀目的表現，卻是中天撤照與強進萊豬，並將蘇偉碩醫師一狀告到警察局。

遙想當年，孫運璿、李國鼎籌謀張羅之際，張忠謀僅四十許，曹興誠竟然只是二十郎當。國家為當年的青年才俊搭建了竹科舞台。且看今日，陳吉仲這類牆頭草植滿政府的牆頭，甚至蔓生到大法官，學者專家也榮登「鑑定人」，社會明星則變成林九萬、卡神、大港開唱、一四五〇這些典型。

中華民國為台灣做了什麼？這個借殼的台獨政府又正在為台灣做些什麼？蔣經國為台灣留下的何止竹科及台積電而已？他最後為我們留下了一個民主自由的中華民國，也是一個與對岸具有和平競合可能性的中華民國。

請問：台獨為什麼要以中華民國為敵人？為什麼要這麼恨中華民國？

二〇二〇年十二月二十七日

時空環境不同

台獨已進入「彼得原理」

蔡英文團隊將蕭美琴現身拜登就職會場說成「台美斷交後首次受邀」，已演成種種羅生門，一張蕭美琴在牆邊隻身留影的照片更為此事增添了幾分辛酸。

蔡政府炫耀蕭美琴的牆外照片，但蔡英文當年卻曾將轟動國際的「馬習會」說成「令人失望，甚至憤怒」。

在蔡英文團隊的操作下，台美中三邊關係中，馬習會的成就居然還不如蕭美琴一張牆外照，這正是整個國家戰略極度扭曲與錯亂的表徵。

為什麼要將兩岸仇恨操作成上升螺旋？又為什麼要攀附美國到不識禍福？台美中三邊的平衡點何在？台灣的主體性何在？為什麼蔡政府竟是如此泥足深陷，不能自拔？

先說兩岸角力。二〇一五年的馬習會可說是為當年選情看好的蔡英文而舉行的，意在將兩岸關係拉到「雙方領導人會面」的高度，並試探「一中各表」的操作，期待蔡英文就任總統後能跨過這座「和平大橋」。蔡當時雖稱馬習會「令人憤怒」，但後來卻說「蔡習會，聽起來滿誘惑的」，可見她不是看不出底蘊。但是，蔡英文畢竟更禁不起短線操作的誘惑，遂將「仇中抗中」炒作到如今這種不能自拔的地步。

再說台美關係。美國智庫人士葛來儀說，拜登政府將採行對台灣「不傷害」（doing no harm）政策，較不會像川普那樣把台灣當作對抗中國的武器。她甚至說，台灣低估被川普出賣的風險，如今雖「閃過子彈」，卻仍將付出代價。但是，葛來儀看透川普，蔡政府卻看不穿，對川普一往情深，以致落得：「良人者，所仰望而終身也，今若此。」

為什麼說馬習會「令人憤怒」，為什麼覺得蕭美琴的牆外照可炫耀國人？（殺風景，突然冒出一張胡志強、蕭萬長和柯林頓的同框照）為什麼對中國大陸找不到和平競合之路？為什麼好像台灣不做美國的棋子就不能面對北京？

主要原因是民進黨及蔡英文自認是靠台獨在台灣立足，但也被台獨綁架。

但是，台獨已進入「彼得原理」。彼得原理說，一個人不斷晉升階位，終會超過他的才能，而致不能勝任。同理，一個原本可能有效的政策或戰略，當「時空環境不同」，也會超過它所能勝任，可說進入了彼得原理。簡述因由：

一九七〇年代，台灣民主大潮湧動，黨外運動的第一目標是在推翻國民黨，並在外顯的民主訴求中包裹了若隱若現的台獨因素。所以，這套「民主加台獨」的政治論述，在黨外運動至民進黨向國民黨爭奪政權時，皆是站在「異議者／反對黨／革命者」的立場而建構的，因此以國民黨及中華民國為敵人。至二〇〇〇年民進黨贏得政權，可視為「內殺型台獨」的成功。

但是，民進黨欲從在野黨晉位至執政黨，就必須思考「內殺型台獨」的擴張力不足。因此有一九九九年的《台灣前途決議文》，以降低《台獨黨綱》的「內殺力」。

台獨的另一面向是「外擊型台獨」，就是要用台獨來對抗中華人民共和國，並試圖改變國際間的「一中政策」。但是，在兩岸實力愈來愈懸殊的走勢下，想用台獨來抗衡北京可說已無可能，但台獨不死心，碰到了川普這樣的人物，遂毫不掩飾地百般攀附，好像認為可以把川普當作「台灣的貓腳爪」，將川普視為替台灣擺平甚至毀滅中共的寄望。這其實是「外擊型台獨」的異想天開。

民主加台獨，是「異議者／反對黨／革命者」的有效訴求，用來仇恨中華民國及推翻國民黨，這是「內殺型台獨」的成就。但是，等到民進黨成為中華民國的執政黨，必須面對兩岸、面對國際，台獨卻不能應對中國大陸，也無力改變世界的「一中政策」（連龐培歐也稱台灣是「自由中國」），即可見「外擊型台獨」的心餘力絀。

內殺厲害，外擊破功。在野流暢，執政瓶頸。台獨是異議者的玩具，中華民國是執政者的責任。台獨因此進入彼得原理。

固然，台灣必須攀附美國，但應當以中華民國與美國互動，而不是用曖昧的台獨操作來與美國互動。

美國在「一中政策」下（不支持台獨），與台灣維持《台灣關係法》、「六項保證」、持續軍售，甚至在川普時代出枱了許多突破性的友台法案，這些，都是在「一中政策」的「掩護下」進行的。「一中政策」對美國而言，是成本最低、擾動較小的友台架構。如果美國支持台獨，豈不是庸人自擾？

一言以蔽之，台灣持守中華民國，使美國「更方便」支持台灣。

川普將台灣喻作筆尖，中國喻作書桌，雖強調兩岸的實力懸殊，但可用筆尖戳書桌。最近傳出，在二〇〇一年曾公開反對台獨的拜登，近日曾將台灣喻作「中國的尾巴」，踩尾巴，中國會痛，反彈就很大。筆尖與書桌是兩個分別的物件，但尾巴與身體卻是有機的整體。固然，由於民主價值及地緣政治，拜登仍會挺台，但台灣必須警覺「筆尖論vs.尾巴論」的差異。

再談台灣如何與北京互動？在台美中三邊關係中，蕭美琴的牆外照不可能換來美國支持台獨，但馬習會卻是兩岸領導人平起平坐，對一中各表進行實作的試探。

兩岸關係，站在台獨立場，就不可能保住中華民國；但站在中華民國立場，就有可能邁向「一中各表／大屋頂中國／和平競合」。

蔡英文畢竟不敢對北京公開主張台獨。因為，北京必動手，美國扛不起，也不是台灣主流民意。但蔡政府盡可「依據中華民國憲法及兩岸人民關係條例」，公開大聲主張「中華民國不可消滅論」，這對中共不是台獨，對美國是一中政策，也守護了台灣的主體性。

蔡英文自己必須先站穩了中華民國，才可能將中共拉回「一中各表」。就對抗中華人民共和國來說，中華民國有哪一點不比台獨強？

面對兩岸，台獨絕無出路，中華民國才可能有空間。台灣的兩岸立場應當是：我不台獨，你不能消滅中華民國。

當美國的兩岸操作可能從「筆尖論」轉向「尾巴論」，蔡英文也必須把目光從蕭美琴孤單的牆外照轉移到馬習會留下的珍貴啟示。

時空環境不同，台獨真的已經進入彼得原理。

上週《大屋頂下》說：如果沒有了中華民國，台灣在攻守戰略憑藉上，可說就是一無所有。對於國家定位，民進黨絕不能向台獨再試探，而應致力於中華民國的再鞏固。

二〇二一年一月三十一日

台獨是綠營內鬥的必要之惡

無力外擊　只是內殺

台獨無力解決台灣對外的困境，但如今已成為民進黨用於對內鬥爭的必要之惡。《大屋頂下》說，台獨有兩個面向。一、外擊型台獨：就是要①脫離「中國」，②對抗中華人民共和國，③並欲解脫國際間「一中政策」的制約。二、內殺型台獨：就是要④顛覆中華民國，⑤建立台灣國。因而⑥以台獨分裂台灣社會，並⑦以台獨做為綠營內部權力及路線鬥爭的工具。

現在及未來的台獨，①②③都不可能如願做到。至於④⑤也做不到台獨建國，卻不斷「去中華民國化」。所以只剩下⑥⑦的效用。且主要是⑦，也就是民進黨的內鬥跳不出台獨，台獨遂成為民進黨脫不了的必要之惡。

先說外擊型台獨。台獨不可能憑己力①脫離「中國」，及②對抗中華人民共和國，因此必須設法③解脫國際間「一中政策」的制約。主要就在攀附美國，甚至希望美國在中共動武時伸援。

但對美國來說，「一中政策」就夠用了。未承認中華民國，也不支持台獨。在「一中政策」下，有《台灣關係法》、「六項保證」及《台北法案》、《台灣旅行法》、《台美海巡備忘錄》等等。香腸切切切，但不會切到手。也就是說，美國只要「能在一中政策下支持中華民國的事實存在」就夠用了，何必台獨？

連龐培歐都說：「台灣展現了自由中國所能達到的成就。」可見，「自由中國」仍存在於美國有些高層的戰略價值中，這也是美國維繫兩岸「不統／不獨／不武」的憑藉。如果美國支持台獨，沒有了「不獨」，就不易維持「不武／不統」。因此，美國不會歡迎台獨的「麻煩製造者」。

拜登政府的新標語是「重視台灣海峽和平穩定的重要性，鼓勵和平解決兩岸問題」。並聲明，已向中國、台灣分別告知「反對單方面改變現狀」。由此可見，在「一中政策」下，美國始能盡量設法維持中華民國的事實存在，台獨沒有空間。

由於美國不想「改變現狀」，外擊型台獨想藉美國之力無底線對抗中華人民共和國的想像就得不到支撐。所以，外擊型台獨的①②③目標，皆失憑據。

再談內殺型台獨。其實，幾十年來皆可看到民進黨想要擺脫台獨的嘗試。一九九九年的《台灣前途決議文》為發軔，稱「任何有關（中華民國）獨立現狀之更動，都必須以公民投票決定」（統一公投）。這就是，不再「內殺」。

二〇一二年，蔡英文參選總統失敗後，黨內檢討台獨路線之聲四起。接著，柯建銘等主張「凍結台獨黨綱」。柯說：「現階段最重要的是建設國家，而不是回頭搞台獨。」陳昭南等四十餘人提案稱：「民進黨總統或候選人（蔡英文）已經以行動接受中華民國，否定台獨黨綱。」、「台獨黨綱主張建立台灣共和國，形同反對中華民國、追求改變現狀，徒增國際社會疑慮，導致民進黨難以爭取國際主流支持。」這些去獨動作，皆見民進黨想要「金蟬脫殼」的思考。因為，「外擊」無效，「內殺」無益。但是，這場轟轟烈烈的「凍獨」大戲，後來被二〇一四年三月的太陽花運動翻轉了。

當然，綠營之內以台獨相互拉扯、牽制、內鬥的局面更一直存在。顯例是李登輝被國民黨逐出後，以「台獨教父」之姿另建台聯黨，以挾制陳水扁，這與後來阿扁的「四不一沒有」走不下去顯有關聯。近年的太陽花及「一邊一國連線」、正國會等，亦皆以台獨的護法自居，擁獨自重。皆可見，「內殺型台獨」從來是綠營內部鬥爭的必要之惡。

眼前的事例則是賴清德。他在二〇二〇挑戰現任總統蔡英文，即是自我標榜為「務實的台獨工作者」的台獨嫡傳，影射蔡「不夠獨，不是自己人」。且就在前幾天，他還再申「台灣是一主權獨立的國家」，與總統府近日所說「中華民國是主權國家」相抗衡。這正是為了占據二〇二四總統大選綠營內鬥的制高點。

但是，賴清德仍是「內殺型台獨」，而無力於「外擊型台獨」。他早就說過：「我不會宣布台灣獨立，不會舉辦台獨公投」、「中華民國新生論」、「遵守洛桑協議，中華台北也可以」、「我當總統，拚經濟最重要」、「親中愛台」、「希望中共像太陽一般溫暖台灣」……。

這樣的「台獨」，除了「台灣是一主權獨立的國家」一句空話以外，沒有正名制憲，沒有台獨公投，沒有另建台灣國，並維持中華民國的國號、國旗，又強調「中華民國是主權國家」，蔡總統及未來可能的賴總統仍向中華民國憲法宣誓，領中華民國總統的薪俸，賴更變本加厲「親中愛台」，「希望中共像太陽一樣溫暖台灣」……。

這樣的台獨，其實①不能脫離「中國」（三月還要不要肖媽祖？），也不可能②推翻中華民國（沒了中華民國，誰來「保護台獨」？誰給蔡英文總統發薪水？），又不能③改變國際的「一中政策」（支持中華民國的事實存在），只是⑥為選舉而分裂台灣，更⑦以台獨為綠營內部鬥爭的工具。台獨走到了賴清德這一步，是多麼的淺薄、多麼的虛偽？

連美國都知道，該把「中共」與「中國」分開。但台獨卻居然要拿掃帚與十四億人的「中國」攪炒。

說到底，台獨問題就在如何看待「中國」。台獨以脫離「中國」自期，但連龐培歐都認識「自由中國」的戰略價值，台獨卻不知「愈『中華』，『民國』愈有力量」的深義。須知，今日台獨雖用盡手段「去中國化」、「去中華民國化」，待他日台獨若實現（其實不可能），除非不行民主政治，否則以台灣與「中國」的人文血脈連結，必有一「傾中國／反台獨」的民主政治運動會將「台灣國」推翻。今天，台獨畢竟是躲在中華民國的陰影下，「中國」及中華民國才未能發出力量。

在兩岸大歷史下，台獨沒有出路。

太陽花事件及香港反送中，使得當年已陷「凍結台獨黨綱」困境的民進黨，又「回頭搞台獨」（柯建銘語）。但是，這樣的台獨，只是為了民進黨分裂台灣社會而存在，只是為了讓賴清德之輩操作民進黨權力內鬥而存在。無力外擊，只是內殺。這是台獨的宿命，也是台獨的罪孽，台灣因此也就被「內殺型台獨」綁架。

蔡英文，妳要讓這種「內殺型台獨」一代一代傳下去嗎？

二〇二一年五月二十三日

心術不正

蔡英文率武漢肺炎食人

台灣這一波疫情在五月十一日炸鍋。全球確診已逾一．七億例，死亡逾三百五十萬人。這正是全世界給台灣的血淚「示範」，但蔡政府卻對屋裡的這隻大象視若無睹，竟被突然發狂的大象踩踏得血肉模糊。

原因有三：①專業失能。②政治失算。③心術不正。①②皆因③所致。

先談①。抗疫戰爭的基礎戰力在醫藥及公共衛生專業。蔡政府以上半場的表現自豪，手氣也很好，如敦睦艦案等皆未爆開。但在五一一疫情炸鍋後的下半場，其專業表現竟是亂七八糟，兵敗如山倒。僅舉三例：

一、陳時中鐵齒反對開設「方艙醫院」，心態偏執。疫情炸鍋後，醫院負荷爆表，重症患者在走道及帳篷插管，甚至說輕症在家隔離是常態。柯P建議一室二床，陳時中晚了兩天採納，更有一室多床。等到台北市喊出「台版方艙醫院」，陳時中才鬆口宣布開設「緩衝區」或「加強版集中檢疫所」，被謔稱為「貞昌醫院」。

二、陳時中一直顯得痛恨篩檢，說是偽陰偽陽的問題解決不了。例如他一直對企業內部要求「快（普）篩」興趣不大，直到五月二十八日才鬆口同意企業安排快篩。尤其豈有此理的是金馬澎三外島要在機場設快篩站，陳時中居然悍然動手拆除；但是，七天後，陳時中通令本島各機場國內線建立快篩，反向操作，死不認錯，自打耳光，心態偏執。

三、不斷推出「三級警戒加強版」，連停課及餐飲不准堂食也是追著地方的車尾燈，並對這些四級警戒的措施給予鼓勵。對照撤除離島快篩站，則是雙標心態。

至此，在抗疫專業上不但未見超前部署，卻只見各種校正回歸。社會常識領先了指揮中心的專業決策，時機蹉跎。「中央統籌／三個一致」的威信盡失。

再談政治失算。以疫苗為例：

蔡政府這場大戲的主軸就是疫苗。一開始就有一個中心思維，就是：只要國產疫苗研發成功，必是輝煌的醫藥專業成就，尤其是登峰造極的政治成就。

標語是「國際多元採購／國內積極研發」。但顯然信心滿滿寄望於 Plan A 國產疫苗，對外採購只是Plan B。輕重倒置，心態偏執。

早在去年，蔡政府人士私下就說，外來疫苗若大量搶先上場，國產疫苗就難有施展空間了。於是，當局一直在拿捏的就是外來疫苗的「搶先」與「大量」兩個變數，預為國產疫苗布置「施展空間」。倘若一開始就以外購為Plan A，操作自然不同。

從德國ＢＮＴ疫苗談起。去年林全與衛福部鬧得不歡而散，當時東洋取得復星「三千萬劑／二〇二一年第一季第一批一千萬劑到貨」的承諾，但談到最後因衛福部只願買二百萬劑及價格等因素，使林全知難而退。林全還說了「吃我豆腐」等話，並說他不是「賣空買空」。

此時ＢＮＴ尚在起步，如新加坡主權基金對ＢＮＴ已有大動作，但衛福部的胃口只有二百萬劑，這是Plan B的心態。

接著，不知怎樣衛福部自己又與ＢＮＴ原廠聯繫上了。這次標的是五百萬劑。最後連約本皆已定稿，卻卡在我方簽約名稱是「我國／台灣」之類的問題上而破局。至此顯示，至少在ＢＮＴ，「政府與原廠簽約」碰了壁。當初如果是林全模式，也許會有不同的結果。

跳到今天，疫情進入黑色五月。當林明溱等喊出民間進口疫苗時，陳時中只是輕蔑回以「來申請啊」。一直到佛光山和郭台銘站出來，當局才知道事態嚴重。

鴻海宣布購贈五百萬劑ＢＮＴ疫苗。衛福部在五月二十八日提出「八項資料」的方案，雖是流於苛細，卻似善門半開。不料，二十九日又頒布《我國疫苗政策兩大原則》：一、由中央政府與原廠簽約採購。二、並由中央政府統籌分配執行。

這兩大原則是針對鴻海ＢＮＴ案。因為，若鴻海完成ＢＮＴ疫苗買賣，就是對照並打臉了衛福部此前交易的失敗。當局吞不下，所以硬性規定仍要政府簽約、原廠簽約，以此封殺鴻海。

由於各方強烈質疑，又隔了一天，三十日，陳時中口氣丕變，未再強調「兩大原則」。翻雲覆雨，三天三個髮夾彎。

目前的狀況，佛光山這一條線，嬌生既已點名政府，衛福部理當接下來。

問題在郭台銘的五百萬劑ＢＮＴ（並稱仍可續杯）。由於ＢＮＴ多了一個復星總代理，這裡面有商業也有政治。走到這一步，在「林全模式」失敗後，現在應當由ＢＮＴ、復星（及影武者國台辦）、郭台銘、衛福部四方重起爐灶，設法走出一個「郭台銘模式」。

衛福部不應強求「ＢＮＴ原廠授權」，或可用「復星總代理交易意向書」證明不是買空賣空，餘事則交由郭台銘處理。至於冷鏈等後勤，可採衛福部原想購買BNT的預案。

郭台銘模式如果實現，疫苗可以救命，也可能就此啟動兩岸的「超九二共識模式」。值得努力。

問題很簡單：陳時中要先准郭台銘去買，買不買得到是郭台銘的事。現在看來，是陳時中根本不想郭台銘買。

蔡英文有了新的頭痛問題。外購疫苗不足固然是個問題，但倘若爆量，如日美捐贈或郭董模式鬧門大開，皆會涉及「搶先／大量」的因素，影響國產疫苗的「施展空間」。因為，外來合格疫苗既有來路，憑什麼逼我打無三期的國產疫苗？

到此地步，衛福部竟連夜宣布與高端與聯亞各簽購了五百萬劑現貨及五百萬劑候補疫苗，以搶救兩家「契作」廠商，並揚言仍在七月開打。

一切皆因國產疫苗的腳步不夠快。但衛福部現在居然與兩個「畸胎」（若非死胎）指腹為婚，這樣的劇本也未免太光怪陸離了吧？潑油救火，高端跳水跌停。一切皆因初心不正所致。

不能遺漏的是：國產疫苗藏有貓膩，已是路人皆疑。只要回頭看看宇昌案的始末與人脈，就知生技產業與當局的骨血關聯。宇昌案雖石沉大海，但在海底仍是宇昌案。如柯P說：若是為了幕後的利益，那又是等而下之了。

Plan A 輾壓 Plan B，但 Plan A 在政治及專業上都不能服眾。這場疫情終將趨緩，但蔡政府的惡劣操作已成歷史紀錄。

「武漢肺炎」或許只是一個認知戰，但「台灣肺炎」卻是一場浴血戰。一位父親在家中為瀕死的兒子做CPR，結果自己染疫。

二千五百年前，「率獸食人」四字出自《孟子》。如果再加上二千五百年文明的加權指數，毫不誇張地說：蔡英文政府正在率武漢肺炎食人。

二〇二一年六月六日

從太宗兵法談疫苗戰略

感謝蔡丁貴關心國產疫苗

五月中旬，疫情炸鍋。防疫模範生台灣夢中驚醒：笨蛋，問題在疫苗！

突然，冷清了一年多的桃園機場湧現人潮。許多人穿著全副防護衣搭機赴美打免費疫苗，商務艙滿座一票喊到二十四萬，長榮由每週三班加到七班，正在清零的華航換大型客機……。這場景反映了憂慮，也反映了階級。

此際，台獨標誌人物蔡丁貴在美國隔海號召台灣人，組織「萬人志願軍」參加國產疫苗三期試驗（他也主張做完三期）。至於他自己，因已在美國打了兩劑ＢＮＴ，抱歉不能參加。

這個場景使人想到一九七五年四月的南越。北越坦克已經進城，爆發逃亡潮。有錢有地位的搶搭美軍直升機到外海的軍艦，無錢無勢者奔赴沿岸的漁船舢板。當時的南越有兩種人：一種是有直升機可搭的，另一種是無直升機可搭的。

桃園機場的場景，具體而微地顯現了台灣有兩種人：一種是到美國打疫苗的，另一種是在台灣等疫苗的。

本文認為，在民進黨的台獨治理下，恐怕總有一天，台灣也會分成「能搭直升機／不能搭直升機」的兩類人。到了那個時候，在美國的「蔡丁貴們」一定會問：台灣人，你們的志願軍在哪裡？你們的掃帚在哪裡？

這並非危言聳聽，亦未過甚其詞。疫苗問題走到今天這個絕境，非常重大的因素之一就是反映了台獨治理的偏執。容我細訴。

從最細微處說起，陳時中一開始就斬釘截鐵地否定「方艙醫院」，只因這個概念及實踐是中國示範。但是，大國如美、英、法、義，小國如新加坡都採此制，只是不叫方艙醫院。陳時中則不但嫌惡方艙醫院這個名字，更拒絕此種專業實踐。以致窘迫到醫院撐爆、「輕症者居家隔離是常態」的地步，家戶感染占病源四成以上，甚至「居家死亡」。

他的政治立場竟然拘束了他的專業選擇。檢疫旅館的效能，怎比得上方艙醫院？

說到疫苗。大陸的兩種疫苗，均獲ＷＨＯ認證，其中國藥的有效性（八六％）高於ＡＺ和嬌生；科興的有效性較低（七〇％），但副作用小，且對防範重症幾達百分百。大陸疫苗在本土打了超過七億劑，援外逾三．五億劑，這些都是科學證據。陳時中可以用任何理由拒絕大陸疫苗，但不必說「他們打的我們不敢用」，這不是專業，不是科學，而是政治。但這卻是民進黨政府在台獨治理下的必然選擇。

在民進黨的台獨治理下，台灣多數民眾的心智已經變形扭曲，勢難接受大陸疫苗。但在這個時候不妨想一想：難道我們命定非要嫌惡方艙醫院及鄙視大陸疫苗不可嗎？是誰讓大多數台灣人都變成這麼蔑視科學而陷溺於政治？台灣人不是命定如此，而是台獨改造了台灣人。

台獨的魔術就是要蠱惑及綁架台灣人，將兩岸關係變成「三只三不」：「只能仇恨／不能和平」、「只能衝突／不能互惠」、「只能零和／不能雙贏」。因此，只能嫌惡方艙醫院，必須否定大陸疫苗。

中華民國的生存戰略，理應是「可攻／可守／可進／可退／可戰／可和」。像一個四通八達、出入自如的「路網」。因此，面對大陸疫苗，可接受也可不接受。但是，台獨治理卻將兩岸關係變成了一條「三只三不」的「單行道」。面對大陸疫苗，就只能反對，不能接受。

唐太宗與李靖論兵法：「陣間容陣，隊間容隊。以前為後，以後為前。進無速奔，退無遽走。四頭八尾，觸處為首。敵衝其中，兩頭皆救。」

但是，台獨的「三只三不」只能一路走到黑，絕無可能「四頭八尾／觸處為首」。四頭八尾就是變形金剛。而台灣七十餘年來的生存戰略主體中華民國就可以是變形金剛，「可攻／可守／可進／可退／可戰／可和」。

中華民國以「維持現狀」為中心基準。若從這個中心基準移動，進可上升到「三民主義統一中國」，減一步可主張「互統一」，再減一步可主張「一中各表」；另若從這個中心基準退幾步，可以和平競合，甚至可退守在「華獨」。這就是四頭八尾的變形金剛，這就是中華民國。

如果站在中華民國的立場上，其政治氛圍使得ＥＣＦＡ可以簽，二十三項協議可以簽，可以贏得一一二國免簽證，可以維持「九二共識／一中各表」，可以馬習會，可以每年接待逾四百萬陸客，可以照樣向美軍購，可以成為ＷＨＡ觀察員，可以沒有共機繞台……。若在此種氛圍中，大陸疫苗就成為我們各種選項之一。可以不接受，但也有接受的可能。這就多了一種防疫的「戰略物資」，可以救命。這就是四頭八尾。

眾多奔赴大陸打疫苗的民眾，更表達了「他們打的我們也能打」。

有人說，用了大陸疫苗，那就被中共統一了。我認為不會。只要我們掌握了「統一公投」（馬英九主張），二千三百萬台灣人就可以決定「如何統一」及「是否統一」。

在這種條件下，我認為，若用了大陸疫苗，和吃了大陸的枸杞沒有太大的差異。

今天的台獨，不敢真台獨，只是「故作台獨狀」，不斷作踐中華民國。但既主張台獨，又想要參加WHA，儼然是「我鬧台獨，你仍要像太陽一樣溫暖台灣（賴清德語）」。這種台獨騙術是自欺欺人。

這種台獨，只是「內殺型台獨」，而佯裝成「外擊型台獨」。置於今天疫情肆虐之際，就走上了「不得不」嫌惡方艙醫院及鄙視大陸疫苗的「單行道」，兩岸「四頭八尾／觸處為首」的「路網」就告破壞。

再者，民進黨若站穩中華民國的立場，難道美國的支援就不見了嗎？反而，若民進黨站在中華民國的立場上，與美國的「一中政策」更能呼應。其實，民進黨這種拿台獨裝模作樣、諂媚美國的心態，已經使台灣成為美國的棋子，失去了平衡美中台三邊關係的主體性。這又是單行道，而不是四頭八尾。

民進黨政府既然做不到法理台獨，既然甩不掉中華民國，為什麼不老老實實地守護中華民國？

輿論常引韓非子曰：「國小而不處卑，力少而不畏強，無禮而侮大鄰，貪愎而拙交者，可亡也。」二千三百年前，韓非子就說出了台獨的結局。

台獨若走到那一天，中共動手時必會製造「去留聽便」的動亂，台灣人就必分成「走得成／走不成」兩類。屆時在美國的「蔡丁貴們」會呼籲走不成的台灣人：快快拿起你們的掃帚吧！

感謝蔡丁貴關心國產疫苗三期試驗。

二〇二一年六月十三日

龜笑鱉無尾

習大啃蘋果　小英砍中天

香港蘋果日報熄燈。蔡英文說：「自由的台灣，會一直撐著香港的自由。」又在唸文青稿了。我不相信蔡英文能正視著鏡子裡的自己厚顏大聲複誦這兩句話。

蔡英文應該思考的是：關掉中天電視台的台灣，能不能撐住逼停了蘋果日報的香港？

前些日子，輿論說，連中共都沒有關掉香港蘋果日報，蔡英文卻關了中天電視台。現在終於扯平了。逼倒蘋果的中共，畢竟不容蔡英文專美於前。在蔡英文與習近平治下，媒體的命運並無不同。

不同的是，中共是用他一向自豪的專政手法摺倒了蘋果日報；但蔡英文卻是在她一向自豪的自由民主下關掉了中天電視台。蘋果不是意外死亡，而中天電視台卻是橫死、冤死。這是不同。

但是，兩案的主體卻有不可思議的相同。最大的相同處是：兩案都是在民主法治的口實下，先射箭再畫靶，將當地社會最強大的政治反對媒體處以死刑。

《香港國安法》本就是為黎智英、蘋果日報及香港民主運動人士量身訂製的靶子。在靶子畫好之前，他們早已被釘在上面。本法具有對「分裂國家／顛覆國家／恐怖活動／串謀勾結外國及境外勢力危害國家安全」等「罪行」的定義權。並設置「國安機構」專責執法；且在偵審過程中「可以送中／祕密審判／指定法官／可處終身監禁」。這是一條流水線。我定的法，我挑的警察，我選的法官，這就是我的「法治」。且在國安法下，可對正常參政的議員候選人或當選人ＤＱ，這就是我的「民主」。什麼是「法治」？什麼是「民主」？概以我的《國安法》為準，因為我是「依法治國」。

再看中天案。一開始，緊鑼密鼓，說中天電視台涉及「國安問題」及「中資問題」，已定位為政治事件。七名委員綠一色就不用說了，連七名「鑑定人」也是綠一色。一場聽證會下來，七名委員及七名鑑定人，幾乎聽不到半句對中天電視台有利的言詞；面對這個當時收視率最高的電視新聞台，聽證會裡完全不能反映政治社會的真實背景，而且是零反映。這就是蔡英文的「民主」嗎？

至於對《衛星廣播電視法》也是脫法解釋，如原本只能用於處罰報導事實之真偽，卻用於制裁評論之是非，不一而足。法律是我解釋的，委員是欽定的，鑑定人是御選的，根本是一條「東廠流水線」，目的就是非要將中天電視台DQ不可。這就是蔡英文的「依法行政」。以上是兩案不可思議的相同之處。

什麼叫做流水線？蔡英文先射箭，再畫靶；如同習近平先射箭，再畫靶。

「流水線」是蔡英文的拿手戲。促轉條例、不當黨產條例、國安五法、反滲透法，無一不是「流水線」。最近的事例是：蔡英文早早宣布要將手臂留給國產疫苗，待要審查EUA了，審前審查規則臨時量身裁製，審查委員會換上「指定代打」，正如中天案的「鑑定人」，且EUA未定，已經開始造冊待打，又是一條精緻的「蔡氏流水線」。

諷刺的是，世人皆認為蘋果日報是為自由民主而犧牲，中共系統也說，蘋果是「國安事件」。但中天新聞台卻不幸未倒在原本要套在他頭上的「國安問題／中資問題」，而是死在「內控失靈」，甚至指報老闆不可「介入」經營，但全球著名媒體有哪一家不是因報老闆的世代「介入」而別樹一幟？

蘋果因「國安事件」而倒得轟轟烈烈，中天新聞台卻是因「路邊停車」被判死刑。相較之下，蔡英文對新聞自由的容忍，還不如習近平。

習近平是玩真的，擺明了「媒體姓黨」，容不下反黨反習的媒體。蔡英文卻大言不慚「百分之百的言論自由」，實則不容反黨反蔡的媒體，關掉了一家反對色彩鮮明且收視率最高的電視新聞台。

台灣社會並未用同一標準來看香港蘋果與台灣中天事件。有些傾綠者為中天被關台而喝采，但猛烈轟擊蘋果被逼倒。有些傾藍者則認為，蘋果被逼倒是罪有應得，中天被關卻是天理不容。實則，在自由民主體制下，維持多元媒體與維持多黨政治是出於同一理則。

有人認為香港蘋果日報偏激，但偏激的標準若由黨中央決定，那就可能失去標準，何況由於這類媒體撐大了言論空間，必能帶動放大及深化了整個自由民主的光譜。同理，中天電視台的內容品質可以見仁見智，但關掉了中天已使整個自由民主的光譜皆告緊縮傾斜。最近民進黨政府在疫苗政策的政治操作胡作非為到此地步，社會始真實感知到高度姓黨姓綠姓獨的台灣媒體架構已經失去了制衡蔡英文政府的相對能力。

就自由新聞來說，蔡英文關閉中天與習近平摺倒蘋果，同為性質極端惡劣的事件，並無差異。但蔡英文在民主體制下屠殺媒體，更是變本加厲。在川普與美國媒體慘烈鬥爭之時，推特臉書可以封停川普的帳號，但川普不能關掉推特臉書，連想關掉中國背景的 Tik Tok 也辦不到。但在自由民主的台灣，中天只因政治反對色彩竟被蔡英文關掉，可謂比川普更離譜。

兩岸競合關係，在根本上就是體制之爭。

中共的專政體制在道德上確有爭議，但其「體制優勢」亦十分明確。如今的中共，已然成為美國眼中的「唯一對手」及「系統性威脅」。這就是專政體制的成就。相對而言，中華民國或台灣，在硬實力上與對岸愈來愈懸殊，但之所以仍有可以一搏的理由，就是我們在自由民主上的優越，唯如果民進黨竟然在自由民主上倒行逆施，則中華民國或台灣將連這一點最後的生存憑藉亦告喪失。

台灣最後恐將墮落成一枚只為「美國優先」服務的棋子，完全喪失了「中華」與「民國」的主體性，台灣將難以存活。

蔡英文與民進黨這樣走下去，兩岸的競爭極可能演成「成功的專政」壓倒「失敗的民主」的結局。台灣一切硬實力不如對岸，更將因玩弄「民主」而斷送了台灣。

「失敗的民主」被「成功的專政」恥笑。關掉中天的台灣如何能撐起摺倒蘋果的香港？蔡英文，妳能先撐住台灣的民主與自由嗎？

習近平殺蘋果不是意外，因為他原來就不主張自由民主。但蔡英文砍中天卻是自由民主的叛徒，使人民失去了支持及選擇媒體的自由，這是更大的政治汙點。因為，一個是真專政，一個是假民主。

同理，蔡英文的疫苗政策完全違反了民主決策的內涵，以致今日使全民喪失了選擇疫苗的自由，實在是國家與人民的罪人。

二〇二一年七月四日

民進黨正在形象解構

綠色是什麼顏色　請接龍

蔡政府及民進黨正在「形象解構」。網路上出現「綠色是說謊的顏色」、「綠色是原諒的顏色」、「綠色是不要臉的顏色」種種酸語。潮水退了，露出了底褲的顏色。

一個政府及政黨，由三個主要元素組成。一、思想：這是價值與信仰。但民進黨如今呈現的主要思想內涵是詐騙，甚至淪為邪惡。二、決策：是選擇與方向。民進黨如今呈現的主要決策內涵是錯亂，甚至淪為荒唐。三、人物：是風格與典範。民進黨如今呈現的主要人物內涵，是平庸但狡詐，甚至淪為下流。綠色正在變色或已經變色。

以民間採購BNT疫苗為例。交涉期間，羅秉成因上海復星證交所公告出現「台灣地區」字樣，認為「這樣不行」，幾乎使交易炸鍋破局。

但是，就在當時，總統特使張忠謀在APEC照稿發言「中華台北需要更多疫苗」，「中華台北」奧運代表團也正整裝待發。羅秉成吞下了「中華台北」，卻要玩弄「台灣地區」。甚至還是民間單位律師提醒，「台灣地區」在我方的根據是《台灣地區與大陸地區人民關係條例》，才讓羅秉成閉嘴。否則，難道你要用「中華台北」去買？綠色竟是如此可笑的顏色。

國家的名號稱謂一直是我們的難題與屈辱。民進黨在野時否定並醜化「中華台北」，執政後卻阻擋「東奧正名公投」，又拿「中華台北」的稿子給張忠謀唸，一路玩弄國家傷口。綠色是雙標的顏色。

整個國產疫苗及ＥＵＡ過程是一個大黑箱。僅舉二例。一、到現在還沒人說清楚ＥＵＡ審查會有無錄影。但在此要問：當局涉入此案如此之深，不開放公聽也就罷了，但難道「竟然容許」審查會不錄影？則當局與審查會之間如何徵信？二、將所有疫苗價格皆列「機密」，且不說這是全世界都沒有的事，但用納稅人的錢買「國產」疫苗也不讓納稅人知道價錢嗎？難道買國產疫苗比買美國軍機還要「機密」？包括三加十一，綠色是不是見不得人的顏色？

荒唐事，總統及副總統到現在還「把手臂留給國產疫苗」，可能是先進國家中唯二尚未接種的正副元首，其實已構成國安危機。總統如果打了國產疫苗出問題，那是悲劇；但總統為了支持未能滿足「科學程序正義」的國產疫苗，拖到今天未接種，這究竟是典範或醜聞？

日本與韓國的條件與我類似。但日韓皆以外購及代工疫苗為 Plan A，以自製疫苗為 Plan B。只有台灣反其道而行，而且千方百計對外購疫苗採取「拖延（時間）／制約（數量）」的對抗手法。如今所見當局以前幾件虛應故事的疫苗對外交涉，顯然只是故意留下「到此一遊」的足跡，遮人耳目而已，目的皆在用「拖延／制約」為國產疫苗護航。綠色是居心叵測的顏色。

BNT是口碑最好的疫苗，也是目前唯一可對十二歲至十八歲施打的。政府幾次要買都買不到，包括郭台銘搭橋柯建銘出面的那一次。因此由台灣民間向「大陸民間代理商」購買是唯一路徑。但林明溱等喊了很久，陳時中形同嗤之以鼻。等到重量級的郭台銘及佛光山出面，當局拿出「八項資料」的苛細辦法，且言明「必須政府簽購」，設下路障，邊拖邊卡。待郭台銘按捺不住，發出「八點聲明」，要蔡英文親口說個可否，蠟燭才不點不亮。這時，仍說慈濟「不能併案」。等慈濟也拉下臉來主張「一致條件」，第二支蠟燭又點亮了。綠色是不點不亮的顏色。

BNT卡在當局意圖繞過「復星代理」這一關。但請問：台灣每年進口數百億美元的 Made in China 商品，包括寧夏枸杞，哪一件繞過「中國」了？綠色是掩耳盜鈴的顏色。

此時，民間外購優良疫苗的模式終於建立。在「中華台北仍需更多疫苗」之際，另有許多民間單位（包括國民黨）也要求外購疫苗以紓民瘼，照理說應是多多益善，但皆形同被蔡政府禁止，擺明了無非是要為國產疫苗留下「施展空間」。另最近新購三千六百萬劑莫德納，但今年第四季居然只進一百萬劑，其他留到明後年，這仍是虛位以待國產疫苗。明明可及時買到國際合格疫苗，能不能給個理由，為何非要挾持人民打不合科學程序正義的國產疫苗？綠色難道是殘民以逞的顏色？

難道不能繼續由政府及民間及時增加外購、同時等待國產疫苗順利完成其科學程序嗎？一切照步來，也可大幅降低蔡政府的政治風險。綠色是不是橫柴入灶的顏色？

以上這些場景，甚至皆指向「綠色是反民主／反民本的顏色」。四大公投，「護藻礁／反萊豬／公投綁大選／核四公投」，每一項皆曾是蔡英文自己及民進黨拚命主張的議題，結果卻都是民進黨自食其言、翻臉反目，如今的公投則皆只是要民進黨回復其過去對社會的民主承諾而已。這些均呈現民進黨的玩弄民意，綠色是翻來覆去的顏色。

上述民進黨在思想與政策上的錯亂與沉淪，主要因於人物的平庸化與退化。

先看如今在枱面的美麗島一代人物，蘇貞昌、陳菊、游錫堃、謝長廷，較諸他們英姿颯爽的當年，皆明顯平庸化、內捲化、退化了。舉一例：蘇貞昌問醫院院長知不知道院裡多少車位那一幕，重看錄影，這根本是蘇事先帶去的劇本，用羞辱人來表現自己的官威。相對而言，待東奧選手經濟艙鬧風波，蘇貞昌卻說「總統和我沒看過座艙表」。綠色是油嘴滑舌的顏色。

在這些大咖以下，有將促轉會做成「東廠」而自嗨的張天欽，有一致「媒體不可不姓綠」的NCC七名鑑定人，有華麗轉身的社運人士陳吉仲、范雲，有丁允恭、丁怡銘、陳政聞，有林瑋豐，有一四五〇，有春露、投石，有大港開唱，有勸世三姐妹……。這是什麼風格、什麼典範？綠色是沉淪的顏色。

回到文首說的政府與政黨的三元素。思想：民進黨是台獨不成，民主失敗。決策：前後反覆，是非錯亂。人物：品類混濁，劣幣驅逐良幣。

整個綠色團隊幾乎是只靠著反中仇中存活，卻又與追求兩岸和平的目標背道而馳。綠色是煽動仇恨、摧毀和平的顏色。

再回到BNT。一度傳出原案未申請十八歲以下EUA，食藥署第一時間竟然要郭台銘等補件，並說「我們不會主動做這件事，他們一定會來申請」，最後是蔡英文親自承諾由政府補件ＥＵＡ。請問：這樣的思想、這樣的決策及這樣的人物，蔡英文究竟要將台灣伊於胡底？

綠色是什麼顏色？請接龍。

二〇二一年七月二十五日

台灣方案

「中華民國不可消滅論」

若為兩岸關係提一「台灣方案」，根本架構是：中華民國不可消滅論。

一、在兩岸競合關係的現在進行式、未來式或終局完成式中，都不可、不必、不應消滅中華民國。

二、亦即，在兩岸競合關係中，中華民國在實然及應然上的存在，都不容毀滅。

本文反對台獨。因為台獨要消滅中華民國，而我認為消滅中華民國不是解決兩岸問題及台灣自身問題的正確方案。本文也不同意北京迄今的終局方案，因為這些方案（如「一國兩制」）皆是要消滅中華民國。「台灣方案」應有四個基本元素：

一、**憲法對照**。中華民國憲法不但確立中華民國的實然存在，且是為整個「中國」保全了對民主自由的選擇權。這部憲法是在中國內戰的背景下誕生，以孫中山的三民主義、民有民治民享的普世價值、中國傳統文化道統，及民主、自由、法治、人權為本位，雖經戒嚴等波折，但如今已大體實踐了主權在民的真諦。相對而言，中華人民共和國憲法，則是以馬克思主義、毛澤東思想、階級鬥爭及一黨專政為指引。在這些指引下，經濟部門如「三面紅旗」已證實徹底失敗，卻竟仍讓馬列斯毛最惡劣的政治操作存留至今。台灣方案回歸中華民國憲法，就是要維持住「兩部（中國淵源）憲法」的對照比較，這正是中華民國「應然存在」的基石。兩岸中國人應有此認知並珍惜。

二、**堅持民主**。中共認為，消滅中華民國是中華民族偉大復興的必然要求；但其實卻是，中共若消滅了中國五千年來唯一的民主自由政體中華民國，將成中華民族的罪人。因為，自由民主是中華民國對中國歷史及世界文明的承當，不容中共毀滅。

三、**對等分治**。終止內戰思維，兩岸不再有敵對政府，而應互相接納為分治政府。

四、**和平競合**。兩岸競合關係的現在進行式、未來式或終局完成式，皆必須和平進行。「競」是對普世價值、人權人道、民族形象、人民福祉及治理績效等的競爭；「合」則是在經貿、文化、社會、兩岸前景等方面的合作（如ＥＣＦＡ），未來若涉及和平協議或統一等議題，亦是「合」的範圍。

上述台灣方案四元素，涉及多線思考：

一、「國共內戰史觀」已經翻頁，而應站在「人類文明史觀」的高度思考兩岸議題。中國大陸已相當程度崛起，但這個「中國」將永遠以「低人權／低民主」的一黨專政一路走下去嗎？現在，是不是該想一想，十四億人口的「中國」要如何走下去才對得起、當得起人類文明？相對而言，兩岸問題也不再是中國歷史上「秦滅六國」那種專制世襲王權間的「大一統」問題，因而中華民國這個民主自由的政治文明成就，不可消滅於一黨專政的中華人民共和國之手，否則將是天理人道皆不容的文明浩劫。

二、在終局方案出現前談「一中原則」，必須維持「一中各表／求同存異」的條件與過程。

三、沒有「一中各表」，就沒有「九二共識」。

四、不再有交戰政府，互視為分治政府。

五、統一不易，營造兩岸「統一前」和平發展的關係，比強求「統一」更重要。

六、統一是中華民國憲法的保留議題，但統一不是神諭，「如何統一」必定先於「是否統一」及「何時統一」。也就是說，統一是一個「條件命題」。

七、統一，不能是「中華人民共和國消滅中華民國的統一」。應朝「互統一」思考，也就是「不消滅中華民國的統一」。若以「大屋頂中國」為想像，此中或許存有「第三條路」。

八、中華民國做為中國的「民主燈塔」，較成為「台獨堡壘」，對中國及世界文明更具意義、更有貢獻，且在國際及兩岸博弈中使台灣更有生機。做為台灣的生存戰略，中華民國當然比台獨強。

九、綜上所論，台灣方案就是：不容中共消滅中華民國，也不容台獨消滅中華民國。

經歷二〇一八北京修憲取消國家主席任期限制，至中美貿易戰到疫情肆虐，世界局勢、中共命運及兩岸互動皆生巨變。中共現在內外焦頭爛額，療傷止痛猶恐未逮，更已無力操控兩岸情勢。概括而論，對北京言，統一，無論武統、文統或買統，皆已撞壁擱淺，兩岸僵局的化解已無時間表可言，北京必須做的與只能做的，就是應當維持「中華民國不可消滅論」。非如此，不能阻止兩岸情勢惡化。

台獨理論已經進化到「中華民國新生論」。美國與民進黨更已走到將台灣變成「華獨與台獨混合體」的地步。保留華獨，北京不能動武；操弄台獨，中共只能坐看切香腸。以前，渲染武統，都是中共喊打喊殺，現在大陸涉台智囊卻相互警告別上了美國的當，可見已陷嚴重被動。照這個形勢走下去，中華民國終究若被美國及民進黨掏空，兩岸難題更加難解，中共就成了中華民族罪人。

台灣問題不只是台獨造成，而主要是因中共要消滅中華民國所造成。北京所說的「統一」就是要消滅中華民國，這樣的「統一」絕不可能被台灣人接受。中共要消滅中華民國，就把台灣人趕向了台獨。挽回的方法，就是要由「中華民國已經滅亡論」，轉向「中華民國不可消滅論」。

比如說，北京反對「一中各表」，扼殺了「九二共識」，打趴了國民黨，卻激活了民進黨。兩岸辛苦經營的九二共識，就此毀於一旦。

再說一國兩制。就是要消滅中華民國，將台灣香港化。這並未將一國兩制「汙名化」。姑且不說今日中港的兩制僵局，奇怪的是，北京居然要以「消滅中華民國」來與台灣實現「心靈契合的統一」，且對台灣人竟然拒不接受而覺得不知好歹、不可思議。試問：北京將如何維持「一國兩制」這種「殭屍政策」？偽裝活著，其實已死，自欺欺人。

今日大局證實，北京的兩岸政策已徹底失敗。

兩岸問題不再是「強秦吞六國」式的內戰遺留，而是一個必須「為人類文明建立典範／為兩岸人民創造救贖」的世界文明考驗。套用北京的話語：兩岸解方不能以中共永遠一黨專政為「歷史定論」，兩岸未來更不能以消滅中華民國為「必然要求」。

北京的「中華民國已經滅亡論」，造成「中國在台灣滅亡」，且為台獨作嫁，必須轉向「中華民國不可消滅論」。

二〇二〇年六月二十一日

—第四部—

川普與美中台

二〇二〇至二〇二一年世界四件大事：中美貿易戰、川普風潮、新冠疫情和美國撤出阿富汗。

川普測出台美關係的高點，阿富汗事件表現台美關係的風險。這四件事則均呈現民主與專政體制的文明衝突。以上皆與美中台關係有重大關聯。

美國的一中政策轉向「借殼一中政策」（借「一中」之殼的政策），民進黨的「中華民國台灣」，則是「借殼台獨」。兩岸何去何從？

兩岸三黨新態勢

戰略清晰與戰略模糊

「王汪會」破局。雖有遺憾，但此次摩擦若能刺激兩岸認清過去的錯誤、並找到重新起步的正確方法，則破局的痛其實是好事。愈痛愈好。

有人認為，此次國台辦事後相當努力收拾李紅事件，且一再對王金平率團往訪表示「歡迎」；其實顯示北京已「默認」國民黨的新版兩岸論述，錯失了這個機會，實在可惜。

但是，「背對背」的「默認」沒有用。可以預見，如果此次王金平赴會，不能「面對面」公開親口說出「中華民國／一中各表／立足憲法」之類的詞句，再若萬一對方說出「一國兩制」又不能當面表達異議，回來後恐怕都無法收拾。試想，馬英九明明在習近平當面說了「一中各表／中華民國」，但迄今仍被誣作沒說。王金平如果不「面對面」公開表達新版論述，去是沒問題，但如何回來？

最近流行「戰略清晰／戰略模糊」的理論，也可用來解析近兩年來兩岸三黨關係的不變：

中共，由戰略模糊轉向戰略清晰。在「馬英九／胡錦濤」時期，中共主張「求同存異的九二共識」，又稱「九二共識是源自雙方各自規定（憲法）」，這是戰略模糊。至二〇一六年民進黨執政後，北京改稱「體現一中原則的九二共識」；這在「一中原則」的清晰中，仍維持「一中涵義」的模糊。但到了習近平二〇一九年元月二日談話，不再「韜光養晦」，拔高到「共謀統一的九二共識」，並高舉「一國兩制」，就此轉向了戰略清晰。

國民黨，也從戰略模糊到戰略清晰。馬英九的「九二共識／一中各表」其實是戰略模糊。「憲法一中／立足憲法」只是潛台詞。且當年「一國兩制」尚是潛議題，不必表態。但是，經過近兩年的震盪，加上「元二談話」的衝擊，「一中各表」被指為自欺欺人，遂迫使國民黨轉向「立足憲法的九二共識」，成為戰略清晰。這當然是受到中共轉向戰略清晰的擠壓所致。

民進黨，則由戰略清晰轉向戰略模糊。數十年來，台獨論述經歷多次「清晰／模糊／清晰」的翻轉往復。一九九一年的《台獨黨綱》是清晰，一九九九年的《台灣前途決議文》則是模糊。陳水扁前期的「四不一沒有」是模糊，後期的「一邊一國」、「正名制憲」是清晰。李登輝的「兩國論」是模糊，後來主張「台灣正名，才能真正確立國家發展目標」則是清晰。蔡英文的「轉型正義／變造課綱／去中華民國化」皆是清晰台獨，但都以「中華民國台灣」化為模糊。到了「中華民國新生論」、「中華民國換手（給民進黨）論」，建構了「台獨與華獨的混合體」，就此站穩了戰略模糊。演化至今，蔡英文的「掏空的中華民國」與美國的「掏空的一中政策」，儼然已成台美戰略模糊的內外呼應。

中共拔高了「共謀統一／一國兩制」，亦即標舉戰略清晰，對國民黨及民進黨產生了截然不同的效應。

對民進黨言，更加鞏固了「傾獨／仇中」的正當性。民進黨一方面可用清晰化的對抗手段回應北京，但又以「中華民國台灣」的模糊論述穩定情勢。

但對國民黨言，中共「共謀統一／一國兩制」的戰略清晰，立即使國民黨「一中各表」的戰略模糊不能立足。因此，改以「立足憲法／中華民國」的戰略清晰回應，拋棄了模糊的利益。

中共拔高「共謀統一／一國兩制」的戰略清晰，顯然是要用以壓制台灣方面「反統／緩統」的戰略模糊。但是，如今的效果卻是：民進黨不必再背著台獨的包袱了，只要反對「一國兩制」即可。國民也可迴避「是否統一」的問題，也只要反對「一國兩制」即可。至此，一國兩制這個戰略清晰，只是使台灣藍綠把兩岸議題都簡化為「反對一國兩制」一句話即可，反而使統獨議題統統邊緣化了。中共之弄巧成拙，斯之謂歟。

過去，兩岸分持「求同存異的九二共識／一中各表的九二共識」，在強調「和平發展／和平競合」，也就是強調「過程論」，是戰略模糊。如今中共拔高了「共謀統一的九二共識／一國兩制」，則在強調「統一」，也就是強調「目的論」，是戰略清晰。中共不願給「一中各表」的戰略模糊空間，甚至收回了「求同存異」；但如今應已發現，「共謀統一的九二共識」的戰略清晰，不但不給台灣空間，其實是把中共自己的模糊空間也都堵死了。

最為諷刺的是：過去，中共與台獨比賽誰先消滅中華民國，現在卻彷彿演成了中共與台獨及美國比賽誰能維持「中華民國」。此時其實正是中共最希望維持「中華民國」的時候。

中共否定了李登輝的《國統綱領》（戰略清晰），後來知道錯了。如今中共又打壓馬英九的「一中各表」（戰略模糊），現在大概也知道又錯了。

當國民黨與中共的互動架構升高到「一國兩制 vs. 立足憲法」的地步，遂出現「戰略清晰的對撞」，針鋒相對，失去了「一中各表／求同存異」的寬鬆。

顯然是為了修補挽救情勢，國台辦正連續七日發布「九二共識問答」，並完整呈現了當年海基會的「第八種方案」。亦即：「在海峽兩岸共同努力謀求國家統一的過程中，雙方雖均堅持一個中國的原則，但對於一個中國的涵義，認知各有不同。」

在第八方案中，北京認為「共謀統一／一中原則」是戰略清晰，但台灣方面則堅持「一中各表」為戰略模糊。對台灣來說，北京若不接受「一中各表」的戰略模糊，即不能談「共謀統一／一中原則」。

值得注意的是，陸委會此次回答國台辦：「台灣人民對中方倡議『一中原則』的『九二共識』立場，從未接受消滅中華民國主權的政治主張與框架。」

國台辦公開正視第八方案，亦即包括了「一中各表」的「九二共識三元素」，陸委會則申明不接受「消滅中華民國的九二共識」，這是否顯示「相向而行」？雙方再回到「求同存異的一中各表」的戰略模糊，重新走向和平競合的「過程論」，恐怕是兩岸增信釋疑再出發的唯一解方。

李紅不道歉，但中共不能不轉彎。

二〇二〇年九月二十七日

矛盾與互補

堡壘台灣vs.兩岸燈塔

在川普總統的此一任期中，是台美關係自斷交以來最火熱的四年。從二〇一六年十二月十二日蔡英文總統給新當選總統的川普一通祝賀電話，到二〇二〇年台美方方面面互動的急速升等加溫，台美關係如同一鍋糖炒栗子，把台美中三方互動的表裡、虛實、深淺、利害，都透澈地翻攪烘烤了一遍。

現在，不論美國總統選舉的結果如何，這鍋糖炒栗子恐怕還要繼續翻攪下去，台美中三方必須找到一個共同戰略利益的交集點，始能緩和或平定這翻滾不安的情勢。

本文從台灣的視角出發。台灣在台美中三方關係中，可謂有兩種角色。就傾向台美關係方面說，台灣也許是「堡壘台灣」。就傾向兩岸關係方面說，台灣可能是「民主燈塔」。

這兩種角色，有矛盾，但也有互補。台灣的生存戰略可說就是在降低這兩種角色的矛盾，增加其互補。

美國前幾屆政府雖與台灣皆維持軍事連結，但較凸出台灣「民主燈塔」的角色。「堡壘台灣」（Fotress Taiwan）則是在川普政府出現的概念，更強調軍事元素。這是因美國對中國「和平演變」戰略失敗，而轉為「阻止中國崛起」所致。但此一變化，究竟是可將台灣變成不可攻克的「堡壘」？或反而將使台灣成為在一旦被攻克時傷損代價更加慘烈的「標靶」？

美國有人說要將台灣變成「豪豬」。「堡壘台灣」就是「豪豬台灣」，但豪豬的結局好像只是求在死前能扎痛來犯者的手掌而已。

「堡壘台灣」提升了台灣的軍事角色，增加了台灣與中國大陸的敵對關係，但會不會因此失去了台灣的主體性，淪為只是美國阻止中國崛起的棋子？

回頭想一想「民主燈塔」，這是台灣長期在兩岸關係中的主要角色。

台美有共同的關切。例如：民主自由的共同價值，及兩岸問題必須和平解決等。但台美亦有利與害的分歧：

一、美國因中共的因素，在一九四九年曾想放棄台灣，在一九七九年則放棄台灣。

二、美國當下的目標在「阻止中國崛起」，但台灣必須維持兩岸的長期「和平競合」。

三、美國可視中國為一「物理」的存在，但兩岸則有歷史、文化、血緣、社會、地緣、經濟、生活等千絲萬縷的連結。剪不斷、理還亂。

四、美國想與中國脫鉤，但看來不容易。台灣則絕無可能與中國大陸脫鉤。

五、就比例上說，美中關係是美國生存因素的「一部分」，但兩岸關係卻是台灣生存因素的「一大部分／主要部分」。

六、美國在綜合國力上可以抗衡中共，且未必要與十四億中國人對話。但台灣在綜合國力上比中國弱，又必須爭取與維持十四億「大陸同胞」對兩岸關係的善意。

七、再回到軍事思考，美中雙方已進入「恐怖平衡」的狀態，雙方不太可能打毀滅戰。但兩岸軍備懸殊，中共有對台灣進行毀滅戰的軍事能量（雖未必會進行到那個地步），而台灣難道只想「豪豬」一下而已？

因此，做為台灣在台美中三方關係中的生存戰略，「兩岸的民主燈塔」角色，比「美國的堡壘台灣」好。何況，只要站穩「民主燈塔」，亦可與「堡壘台灣」發生互補效應。最壞的選擇則是完全倒向「美國的堡壘台灣」，又完全放棄「兩岸的民主燈塔」。其實，從美國的角度看也是如此。

邱義仁說「除非瘋了，台灣不會搞台獨」。陳水扁曾說「台獨做不到就是做不到，不要自欺欺人」。

搞台獨的不是瘋子，就是騙子。

台獨其實搞不成，竟妄想成為「美國的豪豬堡壘」，並放棄做為「兩岸的民主燈塔」。亦即想完全倒向美國，並與中國絕決分割。但持此種主張者好像皆是悲觀論者，說是要用掃帚去拚，要打到一兵一卒，或要把台灣變成豪豬，其實皆是已經看到失敗。

因此，「兩岸的民主燈塔」也許是台灣的較佳選擇。但若要做「兩岸的民主燈塔」，就不能搞台獨，就要堅持中華民國及中華民國憲法。

一、即使以川普政府的激進，仍然守在「中華民國」的底線上。如《台北法案》是在防止中華民國繼續流失邦交國。二、美國官員及智庫常論及，美國不可能承當因台灣宣布台獨所造成的兩岸衝突。三、因此，像川普政府這樣友台護台的能量，台灣若用於鞏固中華民國是順水推舟，但用於經營台獨則將推車撞壁。再重複一次，從美國的角度看也是如此。四、中華民國不是台獨，在「九二共識／一中各表」下，中共在實質上（尚未在形式上）已接受中華民國為兩岸和平競合的互動主體。五、中華民國不是台獨，可與十四億大陸人維持基本友善。六、過去、現在及未來台灣的維持與整合，都是靠中華民國體制的運作。台獨沒有整合及維持台灣的能力（無法正名制憲），因此只是撕裂台灣而已。

何況，台獨只能走「豪豬台灣」的路，不能成為「民主燈塔」；但中華民國卻可使「民主燈塔」與「堡壘台灣」兼而有之，降低矛盾、產生互補。

所以，「中華民國」應當是台美中三方關係的最佳架構。亦即，台灣以中華民國對應中國大陸及美國，中國與美國亦以中華民國為維持三方和平穩定的底線。這就是前文所說，應可搞定那鍋糖炒栗子的三方共同戰略利益交集處。

說到這裡，應當釐清台灣生存發展的首要工作究竟是什麼？

是抗衡中華人民共和國？

還是消滅中華民國？

最壞的思想是：台獨把消滅中華民國做為台灣的首要工作，但又承當不起抗衡中共的角色，正名制憲的法理台獨也永遠做不到。

台獨是瘋子還是騙子？

現在，連李登輝也覆蓋國旗，葬於中華民國國軍示範公墓特勳區。這莫非就是台獨的「示範」？民進黨政府也仍操作中華民國的法制向全民徵稅，並領受中華民國稅金供養的薪俸。這是什麼「台獨」？台灣難道真要為無法實現的正名制憲法理台獨，繼續與對岸進行軍備競賽，而死心塌地、一心一意地打算做一隻「悲壯的美國豪豬」嗎？試問：這是台灣的利益嗎？這又是美國的利益嗎？

「堡壘台灣／民主燈塔」。在台美中關係中，只要護守中華民國，不搞台獨，應可兼而有之。那就是：

守望兩岸民主燈塔的堡壘中華民國。

二〇二〇年十一月八日

歷史並未終結

福山的論斷已告翻轉？

就全球觀點與大歷史觀點而言，川普為世界留下了兩個問題：第一、這個世界要不要阻止中國崛起？第二、民主自由體制與專政極權體制的鬥爭，究竟誰輸誰贏？

先談第一個問題。毫無疑問，美中兩國已經進入修昔底德陷阱，且將全球都捲了進來。狹義的修昔底德陷阱，是指戰爭。但在指涉今日情勢時，是指地緣政治、經濟、科技、意識形態、體制等等方方面面的競爭、衝突與鬥爭；當然也呈現在軍事層次，如釣魚台、台海及南海等等。這可說是一個更廣義的修昔底德陷阱。

總體而言，這也可說就是杭廷頓所言的「文明的衝突」。川普團隊所說的「中共非中國」，即是指這不僅是「中國vs.美國」的修昔底德陷阱，就其本質言，其實就是

「專政極權體制vs.民主自由體制」的「文明衝突」。

因此，第一個問題是：要不要阻止中國崛起？或者，要不要阻止中共的專政極權體制崛起？

接著是第二個問題，誰輸誰贏？這就一定會觸及法蘭西斯．福山在一九九〇年代發表的「歷史終結論」。當時他說：民主自由體制終已勝過專政極權體制，此為人類文明之終局定論。因此，歷史的發展已告終結。

本文略而不論福山日後對理論的修正。只在指出，二〇二〇年，中美貿易戰引爆的體制鬥爭，疊加了對抗新冠疫情的體制競爭，世局的發展居然幾乎顛覆了福山的論斷。

中美貿易戰中，川普的理論是，由於體制的差異，美國的自由民主體制在經濟、科技及社會生態多方面的國際競爭力，遭到中國專政極權體制的致命威脅，甚至擊敗。接著，中國抗疫節奏明快，美國則荒腔走板，似乎更加凸顯了美國體制的短板。這與福山所描述的景象幾乎完全相反，民主自由體制似已相對處於專政極權體制的下風，若照川普的口氣，甚至到了必須救亡圖存的地步。

其實，二〇〇八年的金融海嘯，已證實專政極權的應變能力強過民主自由。此次防疫抗疫及經濟復原的表現也是強弱分明。尤其，當習近平修憲取消國家主席任期限制，穩坐江山；但川普卻因一場大選輸掉了自己且幾乎毀了美國，這算不算也是一種體制的競賽？

因此，若不從抽象的道德來論斷誰是誰非，而從現實與生存的角度來論斷誰強誰弱、誰輸誰贏，其答案好像與福山的不太一樣。

歷史並未終結，只是會不會朝福山論斷相反的方向發展？也就是民主會不會將敗給專政？

川普提出的兩個問題與其憂慮，皆是良有以也。其實，國際對這兩個問題早有警覺，歐巴馬的亞太再平衡與ＴＰＰ就是對策。但在川普眼裡，此種途徑太過軟弱。因此，有一種看法認為：除非用川普這種方法，將五Ｇ、華為、孔子學院、留學生、智財權、新疆、南海、台灣、香港等等現有戰略架構全盤「打掉重來」，脫鉤、圍堵，別無可能阻止中共崛起，民主自由體制也贏不了專政極權。這正是川普雖然敗選，但「川普主義」仍然大旗招展的理由。

川普主張的是戰略，但他的反對者主張的是風格。川普主張的是目的的絕對性，但他的反對者主張的是手段的相對性。

川普畢竟失敗了。他的失敗一方面因受民主的縱容，另一方面又受民主的捆綁，再方面又破壞了民主、玩弄民主。最後，川普失敗了，民主也失敗了。

過去四年，川普可謂在「艾利森的修昔底德陷阱／杭廷頓的文明衝突／福山的歷史終結論」中翻滾。世人驚嚇於美國民主自由體制的混亂沉淪竟能到此地步；相對地，卻看到中共專政極權在經濟調控及社會控制上的體制優勢則相當明顯。民主世界似皆慶幸川普敗選，卻似未警覺民主的失敗。

比如，川普想關掉 Tik Tok，但又怕開罪上億主要是年輕人的用戶，於是想用美資把「Tik Tok」吃掉，但北京立即表態不准抖音出售，且用美國的司法訴訟拖住了川普，遂使事態迄仍擱淺。但是，看一看中共對螞蟻金服及香港情勢的處置，在專政極權政體下，只要中共決定了什麼是「中心」，則馬雲、螞蟻的股民與國際觀瞻、香港人民，皆是「邊緣」。兩相對比，在民主政體下，「中心」卻常被「邊緣」羈絆。

即以防疫抗疫而言，中共的「封城／方艙醫院」等等，說幹就幹，起初被視為侵害人權，但如今則被認為這些才是維護「人權／生命權」的方法。反觀美國，川普操縱民粹，一度將兩黨政治的分野用戴口罩與不戴口罩來區隔，這根本是反智、反科學，甚至反人類。這究竟是川普造成了這樣的群眾？還是這樣的群眾造成了川普？在美國大選引爆的紅藍雙方民粹風潮所見，「人是理性的動物」此一民主政治的基本假設如果是錯的，則民主政治的理想也可能是虛幻的。

再問：為什麼美國基礎建設的進展遠不如中國？且如此富強的美國何以竟然沒有足可體現人道的「健保」？又為什麼一般印度人除了多一張選票外，其他日常生活品質不如中國，也看不到印度的脫貧摘帽？

所以，如果歷史尚未終結，則傾向「唯心」的民主自由體制會不會日趨耗弱？而傾向「唯物」的專政極權體制卻可能較具發展的優勢。專政的強項是中心化與效率，民主的弱點在撕裂與無效率。民主論是非，專政論成敗。民主放大了個人，專政強大了國家。

倘係如此，就會完全顛覆了福山的論斷。民主將敗給專政。

然而，川普落選，但他提出的兩個問題對中國與中共的考驗不會停止。中共若只想訴諸國際的「利益共同體」，而不能在「價值共同體」上扮演引領角色，則絕無可能撐起它的「人類命運共同體」，其專政極權將永遠被視為對人類文明的威脅。

我認為，就「人性的本質／文明的方向」而論，歷史的發展應當更加趨向民主自由的普世價值，而日漸遠離專政極權。否則，在一九九〇年代的「蘇東波」中，就不會無一例外地選擇了民主自由而背棄專政極權。而且，也不會在今日世界中，只有中共是馬克思路線專政極權的唯一「成功」孤例。但相對而言，川普的見證，卻也完全暴露了民主資本體制的有些脆弱與虛無。歷史尚未終結，只是證實了二者都不是文明的至善境界。專政極權必不可取，但民主體制也容易失能與沉淪。

一九九〇年代的蘇東波，證明了福山的一半看法是對的，那就是專政極權不是歷史的歸宿。但二〇二〇的川普卻證明了福山另一半看法是錯的，那就是像川普這樣的民主演示絕非文明的至善。

歷史並未終結，文明尚待進化，人類必須在專政的荼毒及民粹的沉淪以外，找到第三條路。

二〇二〇年十一月二十二日

川普衝擊與兩岸關係

法理不可能台獨　經濟不可能脫鉤

前篇《大屋頂下》說，川普為世界留下了兩個問題：一、要不要阻止中國崛起？二、民主自由體制與專制極權體制的鬥爭，究竟誰輸誰贏？

火車開過去，但軌道留下來。川普退場，但川普主義的影響必將持續，只是國際間解答那兩個問題的方法、形式及效果也許與川普不同。當然，兩岸關係也會繼續受那兩個問題的影響。

先談中國大陸。經過川普的翻攪，中國受傷很重。然而，從現今的情勢看，中國在維持政治安定及啟動經濟復甦方面皆呈現正向表現；則往中長期看，中國仍有可能成為一個低民主、低人權的富強國家。

中共雖將繼續面對那兩個問題，但如果川普這種掀瓦刨根的手法也搞不垮中共，則未來其他較川普平和的方法恐怕更對付不了。比如，川普拚命要世界經濟與中國脫鉤，但ＲＣＥＰ已告成立。則中共在那兩個問題的壓力下，發展得雖可能較慢較低，但終極仍有可能成為一個低民主、低人權的富強國家。在中程，甚至長程，恐怕全世界都不能再把「中國崩潰論」做為一種必然的戰略想定，台灣也是。

低民主將更是中共的手段，富強則更將是中共的目標，經過川普的衝擊已呈現得更明顯與強烈。比如螞蟻金服ＩＰＯ的一夕變卦，與中共對香港情勢不留餘地的處置手段，眾人皆曰「中共的吃相難看」。但是，對中共來說，已經顧不得「吃相」的美學問題，目的就是要「吃」。

我認為，川普的衝擊升高了中共的危機感，效果是使中共的專政極權更緊縮，並極可能更加激活其「制度優勢」。這是台灣應當識讀的訊息。

當然，川普衝擊已使中共知道台灣問題比過去想像的棘手。但是，以中共的意志與實力，若要對台灣維持「法理不讓你台獨／經濟不讓你脫鉤」，應無問題。而中共若能做到這兩點，則時間必然將站在中共的那一邊。

再看台灣。前述那兩個「川普問題」在國際間的升降，會使台灣的國際戰略角色隨之升降。而經過了川普衝擊，台灣的國際戰略角色，確見上升。

問題在於，在台灣的國際戰略角色上升之際，蔡英文政府卻使台灣面臨兩種抉擇：一、要將這個有利情勢用於鞏固中華民國？二、或者用於經營台獨？

這就是十一月八日《大屋頂下》所說：在台美關係的「堡壘台灣」與兩岸關係的「民主燈塔」之間，蔡英文是要升高其矛盾？或者要增加其互補？

更實際地說，就是蔡英文究竟要以中華民國面對美國及北京？或以台獨面對北京及美國？

再更實際地說，蔡英文應當自問：台灣生存發展的最高戰略目標究竟是要消滅中華民國？或是要對抗中華人民共和國？

前文說，北京的底線是「兩個不讓你」。法理不讓你台獨，經濟不讓你脫鉤。顯然，台灣的局限則在「兩個不可能」：一、法理不可能台獨。二、經濟不可能脫鉤。

如果蔡英文當局能在中共底線「兩個不讓你」與台灣局限「兩個不可能」做一理智的判斷，應當不難在中華民國與台獨之間做出正確抉擇。

兩年多來，兩岸情勢急劇惡化。昔曰：「大事小以仁／小事大以智」。如今局面卻已變成「大事小以狠／小事大以恨」。這絕非久長之圖。

兩岸情勢確因川普衝擊而變本加厲，但川普畢竟是變態與畸形。兩岸終究必須重建常態與正軌。在川普衝擊餘波盪漾之際，兩岸皆應有檢討過去、策勵將來的思考。

首先，中共必須承認其對台政策已徹底失敗，必須改弦更張。

中共敗在「三統兩論」。武統、和統、買統，三統皆失敗。一國兩制與九二共識，兩論也失敗。

兩岸關係已經成為國際風雲的一部分，亦即已成為前述那兩個問題的一部分。因此，中共現在對於兩岸問題能做的，只是「法理不讓你台獨／經濟不讓你脫鉤」，卻做不到「和平發展」，也做不到「心靈契合」，遑論「祖國統一」。

何況，香港弄到這步田地，中共卻仍對著台灣大喊一國兩制，難道不覺得自己奇怪，莫非真的已是無話可說了？

中共一直說，台獨是台灣問題的主因。此說大謬不然，中共的「中華民國已經滅亡論」才是台灣問題的主因。沒有「中華民國已經滅亡論」，就不會有今天如此囂張的台獨。

再回頭看蔡英文團隊。民進黨治下的台灣正尖銳面對兩個問題：一、能不能台獨？二、要不要民主？

蔡英文或民進黨有可能搞正名制憲的法理台獨嗎？絕無可能。現在蔡英文玩的只是「內殺型台獨」，也就是僅能用於撕裂台灣及供綠營內部權力鬥爭之用；而非「外擊型台獨」，亦即不能動中共一根汗毛，也不可能拖美國下水支持台獨。

更嚴重的是，蔡英文及民進黨要不要繼續維護民主政治？以進口萊豬與中天事件為例，蔡政府已成了解嚴以來最明目張膽踐踏民主的醜惡政府。若就兩岸問題言，則蔡政府居然以國安五法禁止人民對兩岸未來討論「台灣方案」，更是莫名其妙。你反一國兩制，難道不容他人的「台灣方案」也反一國兩制？你主張台獨，難道不容他人的「台灣方案」反台獨？民主進步黨，這是什麼民主？這是什麼進步？

總結而言，蔡英文這麼搞，就是用「假台獨」來踐踏民主，又用「假民主」來操弄台獨。長此以往，台獨與民主將兩頭落空，台獨與中華民國也兩頭落空。

因此，北京要檢討，蔡團隊也要反省。

兩岸若要重開機，民進黨應當正面公開主張「九二共識必須回復一中各表的原型」，中共則必須公開承認「九二共識本具一中各表的原型」，雙方皆回到「你認知我中華人民共和國的立場／我認知你中華民國的立場」，「和平／對等／民主／對話」，再往前走下去。

川普留下的那兩個問題會繼續存在，兩岸問題也已成為那兩個問題的一部分。唯有雙方皆回到「中華民國」，兩岸問題才不至於被國際外力挾持，始可能恢復兩岸和平競合，一同創造共存雙贏之路。

若兩岸任何一方，不論是中共或台獨，想要消滅中華民國，就勢必面對兩岸關係繼續倍蓰惡化的未來，將不知伊於胡底。

二〇二〇年十一月二十九日

美國原色vs.中國特色

美國待拯救　台灣需自救

川普的口號是「使美國再度偉大」，但拜登上台後的起手式是「拯救美國計畫」（American Rescue Plan）。世人目睹的景象是：美國不再偉大，需要拯救。

今日世局的軸心在美中鬥爭，二者的消長成敗將決定歷史的走向。經歷這場以貿易戰為核心的美中鬥爭與疫情考驗，美國自傷嚴重，中國自療迅速。二〇一八年中共修憲取消國家主席任期限制時，並未料及美中交惡與疫情發生，但此次修憲卻顯然有利於中國因應內外情勢。反觀美國，一場大選撕裂了國家，隱患四伏，國已不國。

這一場「修昔底德式」的美中鬥爭，勝敗關鍵是決定在制度差異造成的利鈍。亦即，「中國體制」在現階段贏了，「美國體制」在現階段輸了。

法蘭西斯・福山用「西方不一定是輸家」來表達「西方其實已經輸了」。他認為，美國是輸在「自戀無知的小丑」川普，而未必是輸在民主體制。但民主體制既然會出現川普這種人物及其狂熱的支持者，還是不能不認輸。

世人必須承認並面對的是：這不是要在理念上否定民主體制，而是必須認知極權專政在現實上確實有「制度優勢」。

福山用「資本主義、自由民主 vs. 社會主義、極權專政」來演繹他的理論，但當前的現實，準確地說，卻是「美國體制 vs. 中國體制」。因為，這場川普風潮並不能代表所有的「資本主義自由民主體制」，而只是反映了「美國體制」，例如與北歐不同；同樣的，中共現行的體制，也不能狹義地稱為「社會主義極權專政體制」，（例如與朝鮮不同），而應稱作「中國體制」，福山也認為無可複製。

民主有善，但也有弊。專政有惡，但也有利。「美國體制」在全球化深化後漸漸不能支撐，但「中國體制」卻似愈來愈能駕馭全球化的深化。

在全球化深化以前，美國在形塑國內的經濟關係時，是以一人一票及工會、示威遊行等自由民主機制來調節，使得人民及工人能某種程度地影響政府及資本家。但是，全球化深化後，資本家出走，工廠沒了，所以工會沒用了；再者，國際經濟角力凌駕了國內經濟互動，而一人一票的國內民主制度不能決定外國因素。

因此，「使美國再次偉大」這樣的口號，潛台詞反映的就是美國人民希望加重政府的責任，也更依賴政府。簡略而不完整地說，川普表現的重點是要用國家的力量把崛起的中國壓下去；拜登表現的重點則在加強國家在經濟再分配的責任。二人都在強調政府的角色，因此，川普被稱作法西斯主義，拜登則被指為共產主義。加強政府的角色是必趨之勢，但是「美國體制」辦得到嗎？

美國的未來，當然也繫於美中關係的發展。但美國的問題其實是在內部治理的失敗，不只在把中國壓下去，而是應當使美國自己健壯起來。

因為，中國未必壓得下去。當年美蘇鬥爭，雙方軍力已達「恐怖平衡」，最後是因蘇聯的政治鎮不住內部反側，經濟又遠遠不能滿足民生。因此一場「蘇東波骨牌」也推倒了蘇聯。蘇聯是輸在內部治理。

今日的中國在軍事上也已與美國達成「恐怖平衡」，因此美國不能想像用軍事消滅中共。尤其，今日的中共，幾已形成「精算的極權專政」。對內，一方面增進民生利益，一方面鎮壓政治異議，有效地維持了「安定超過異議」的治理績效。對外，除了在國際生產鏈上維持世界工廠的角色，尤其更以世界市場來交換國際政經利益。

中共不是蘇聯。中國的內部治理甚至勝過美國，反而造成了撕裂的美國被「和平演變」。

關鍵的因素是，全球化深化後，主導世局的主要力量已非軍事，而在經濟。而「中國體制」在調度管治內外公私經濟因素上強大且靈活，但「美國體制」的經濟操作主腦是在華爾街，而未必在白宮。

例如，中共可以玩撒幣外交，美國則不斷在國際甩鍋。中共可以精準扶貧，但美國的健保改革被稱作共產主義。美國不但基礎建設落後，洛杉磯遊民的帳篷在市區綿延數公里，隨地可見人糞，美國連治理貧民窟的能力都不如第三世界。

此一形勢將隨著ＡＩ、機器人、自動化、無人工廠、網路世界的快速發展而愈形嚴峻。如今各國出現博士、碩士擔任外送員就是一個預言景象。當ＡＩ凌駕人類，使更多人不能參與經濟活動（失業），更多人不能自我實現（失去自尊），這時國家與政府在經濟再分配及階級再平衡的角色將更形重要。誰較能承當？是「美國體制」或「中國體制」？

其實，美國的問題尚不在「體制」，而更在深層的教育、文化及家庭因素。這個五月花號、獨立戰爭、西部開拓史及南北內戰薰陶的社會，其實一直流淌著個人主義、社會達爾文主義、菁英主義及自由放任的血液。在此可稱它為「美國原色」。現在卻撞上了也是菁英主義但限制自由放任，且以御批欽定的「政治達爾文主義」取代社會達爾文主義，再以牧民思想取代民主運作的「中國特色」。當「美國原色」與「中國特色」對撞，看誰頭破血流？

這一階段「中國體制」與「美國體制」的對撞，暫可做以下不完整的歸納：由於雙方在軍事上已達「恐怖平衡」，因此只能「鬥而不破」。所以，雙方的鬥爭將以經濟為主軸，而經濟鬥爭則相當程度地決定於政治當局對內外公私經濟資源的控制與操作能力。就此而言，美國政治當局對內外公私經濟的管治操控能力似乎不如中國。這就是文首所說制度差異造成的利鈍所至。

更重要的是，日前《大屋頂下》指出，專政的強項是中心化與效率，民主的弱點在撕裂與無效率。民主放大了個人，專政強大了國家。這也是制度較量的結果，已清楚地呈現在今日的美國與中國。

這樣的發展趨勢，對台灣的影響是：一、中國雖仍前路艱難，但中國崩潰論已愈來愈不可能。二、美國仍然相對強大，但已經壓不住中國。美國要拯救自己，因此對台灣的支持將愈來愈考慮成本對價，呈現戰略收縮，愈來愈趨保留。三、由於以上二端，法理台獨也就會變成絕無可能。四、台灣要自救，必須在尚有迴旋空間之時，站在中華民國上，設法爭取實現「我不台獨，你不消滅中華民國」的「台灣方案」。

二〇二一年二月二十八日

兩岸鑰匙在誰手中？

兩把大鎖　同時打開

蔡英文透過國安高層會議表示：兩岸和平不是台灣單方面的事，關鍵的鑰匙在中國手上。

國台辦當日回答：當前兩岸關係的嚴峻局面完全是民進黨當局一手造成。民進黨當局如果有絲毫誠意，應放棄台獨立場，停止謀獨活動，回到九二共識的共同政治基礎來。

一來一往，雙方好像都在說兩岸問題是一把大鎖，但鑰匙被其中一方把持了，所以打不開。

其實，兩岸問題是一個大門的門扣上，上了兩把大鎖。一把是民進黨上的，叫做「台獨」；另一把是中共上的，叫做「中華民國已經滅亡論」。要打開大門，民進黨和中共必須同時打開自己上的鎖。若自己不開，對方也不可能開，門還是鎖著。

蔡英文說得對，這不是單方面的事。

此時，蔡英文不是不想打開自己上的鎖。拉下陳明通，任命邱太三，就是想換鑰匙。因為，蔡英文若不打開自己上的鎖，就不可能讓中共開鎖。

邱太三拋出了兩個新的問題，也是兩個新的試探。

一、問題：「不瞭解王毅對台獨的定義與概念是什麼？」試探：潛台詞應當是在問「中華民國算不算是台獨？」二、問題：「陸方在九二共識做了新的加註，我們能做的衍生空間很小。」試探：潛台詞應當是在問「九二共識是否仍然包括一中各表？」

邱太三未說民進黨是否主張台獨或反對九二共識，卻從九二共識的加註及台獨的定義入手。

二〇一九年習近平「元二談話」後，民進黨當天就把「九二共識」與「一國兩制」掛鉤。中共立即發現是重大失誤。且在十四天後（二〇一九年一月十六日）及二〇二〇年九月廿三日兩度正式提出解釋指出，九二共識包含了台灣方面所主張的「雙方雖均堅持一個中國的原則，但對於一個中國的涵義，認知各有不同」。

也就是說，不論元二談話的原意如何，中共現在正式承認九二共識是包括台灣所主張的「一中各表」。但民進黨完全無視中共的解釋，咬死九二共識已經不再有「一中各表」。

回應邱太三，馬曉光在國台辦記者會上又第三度正式再申未排除一中各表。並重申，「九二共識」是和平發展的共同政治基礎（過程論），「一國兩制」則是北京單方面主張的統一方案（目的論），民進黨不能將兩者「混為一談」，「移花接木」。亦即是在解釋：九二共識仍然是包括「共謀統一／一中原則／一中各表」三元素的九二共識，中共並未加註「一國兩制」（或今後不再加註）。

中共其實是在說：將九二共識「加註」一國兩制者，不是北京，而是民進黨。

對此，民進黨將作何回應？一、北京已三度正式重申九二共識存有一中各表之義，並正式表示不同於一國兩制，則民進黨即可設法重啟兩岸來往？二、或者，繼續咬死九二共識就是一國兩制，並以這個理由繼續反對兩岸恢復來往？亦即，中共不加註，民進黨執意要加註。

再看北京可能如何反應？

一、如果民進黨默認一中各表，並對九二共識（九二精神／九二會談歷史事實／

九二求同存異諒解）表達曲線的理解，北京就願重啟來往機制？至於台獨的定義，王毅早就說過，「符合他們自己的憲法（就不是台獨了？）」。

二、或者，不論民進黨是否「承認九二共識的歷史事實，認同其核心意涵」（馬曉光語），但只要蔡英文不接受「九二共識」四個字，就一切免談？且中共甚至樂見因此兩岸續陷僵局，故意讓民進黨用這四個字困死自己，而這正是中共的戰略目標？

民進黨難道會堅決不容中共取消「一國兩制」的加註嗎？中共難道會希望用「九二共識」四字來困死民進黨嗎？

九二共識鎖住了，其實就是鎖在文首所說的兩把大鎖。

民進黨上的鎖是台獨。民進黨在瘋狂操作「去中華民國化／去中國化」時，居然說自己不知台獨是何定義？真是自欺欺人太甚。但是，民進黨今後若能表明中華民國不是台獨，且要中共以「中華民國不是台獨」與台灣相待，亦即主張「中華民國不可消滅論」，那麼就有理由問中共「台獨是何定義」？

亦因此，邱太三近日重申久不聞蔡政府再提的「依據中華民國憲法與兩岸人民關係條例處理兩岸事務」，應在表示民進黨是以「一中憲法／一國兩區」來「定義」兩岸關係，這應正是九二共識的「核心意涵」，不是台獨，北京也不能視之為台獨。

民進黨打開「台獨」大鎖的鑰匙就是中華民國。這把鑰匙在民進黨自己手裡，不在中共手中。

中共上的鎖則是「中華民國已經滅亡論」。北京要台灣接受以消滅中華民國為目標的兩岸終局方案（如一國兩制，看看香港的垂範），絕無可能。但習近平政府迄今並未改變「一個中國原則符合雙方各自相關規定（憲法體系）」這個存在已久的論點。這個論點不同於「中華民國已經滅亡論」，因此，才能保全「一中各表」。這個論點，其實與蔡英文的「依據中華民國憲法處理兩岸事務」有明顯交集。

中共打開「中華民國已經滅亡論」大鎖的鑰匙也是中華民國。這把鑰匙不在台灣手裡，而在中共手中。

因此，在民進黨使北京澄清了九二共識未加註，並重申「依據中華民國憲法與兩岸人民關係條例處理兩岸事務」，及中共一再重申九二共識不等於一國兩制，並維持「兩岸各自相關規定（憲法體系）符合一中原則」的論點，只要雙方同持中華民國的鑰匙，同時打開各自上的鎖，門就開了。

此次兩岸言語往復，已見緩和，應可視為雙方正在相互試探，各方均寄期待。但由鳳梨事件可見，兩方關係十分脆弱，恣意操弄，將立即擊破任何機會之窗。

邱太三說：「若做一件事，堅持達不到效果，還有反效果，還要繼續做，我實在無法理解。」一般認為，這是民進黨在問中共何以堅持反效果的「中華民國已經滅亡論」；但同樣的問題，民進黨也完全可以問自己何以堅持反效果的「台獨」。兩岸各有自己上的鎖，要各自打開，且同時打開。

北京主張「兩岸各自相關規定（憲法體系）符合一中原則」，民進黨也宣示「依據中華民國憲法處理兩岸關係」，雙方若能在此一交集上共謀和平發展，應是兩岸應當思考的中程方案。

「我不台獨，你不消滅中華民國。」我不，你不。雙方先共同維持住中華民國這個兩岸定海神針，始可能徐圖未來。

「兩不路線」，兩把大鎖，同時打開，是本文建議的中程方案。

二〇二一年三月七日

兩岸關係何妨帶病延年？

武統不可採　台獨行不通

《經濟學人》說，「台灣是全球最危險的地區」，這卻使得台海爆發深重戰爭的可能性降低。

因為，對立的美中雙方已呈「恐怖平衡」。否則，開個玩笑，美國只消指中共「擁有大規模毀滅性武器」（ＷＭＤ），就可動手，但中共畢竟不是伊拉克。再者，尤其對北京來說，台海氛圍確已超過可以開戰的程度，卻不能打，這遂使美中台三方其他重大互動幾乎都變成了戰爭的替代物，情勢更形複雜。

台灣也許確是全球最危險的地方。但不是猛爆性，卻已成了時時刻刻都需輸血洗腎的慢性病。

本文要說的是，台海不容易打起來。但也想先說清楚，怎麼才會打起來？若打，大概會發生些什麼事？

中共的軍力為兩件事做準備。一、與美國維持恐怖平衡。二、震懾法理台獨。台灣若宣布法理台獨，中共一定動武。若僅就軍事角度說，中共打台獨，贏面居大，首戰即終戰。

因為，在「一中政策」下，美國沒有支持法理台獨的理由。何況，在以飛彈及無人機為主的台海戰爭中，美軍若不能親身參與攻擊中國內陸基地，以台灣一己之力，很難壓制中共的流水攻擊；但若美軍親手攻擊中國內陸，將衝破「恐怖平衡」，演成「美中大戰」，且必使中共立即升高對台攻擊的報復性及毀滅性，更無底線。

回視韓戰、八二三砲戰及越戰，美軍皆未親身進擊中國內陸，可判斷在中共打台獨的戰爭中更無可能。且美軍在越戰中進入南越，但在中共打台獨的戰爭中美軍甚至不可能親身加入台灣本土的逆登陸戰，以免放大戰爭。而美軍若不能參戰攻擊中國，台灣的「自我防衛」（這正是拜登政府的口頭禪）就要先算一算能撐幾天，這是一個老問題。

但是，中共攻台，美國與其盟國將發動各種類軍事的「超限戰」恐屬必然，中共將面對一個充滿嚴重敵意的國際環境。因此，中共一旦動手，將先迅速完成對台的軍事動作，再來面對其他的國際困難，這時台灣的下場已是「既成事實」。當然，不能排除另一種可能。中共要拿台灣，國際認為這回若讓他得手，以後就再也壓不住他了。因此，不惜代價，共赴決戰。但情勢若立即升高，台灣恐也更快毀滅。

至於台灣，屆時恐怕連這場戰爭到底是「捍衛中華民國之戰」或「捍衛台獨之戰」都不知如何定義，亦即連「國軍」及「國民」應忠貞獻身的「這個國家」是什麼都不能確定。請問：為誰而戰？為何而戰？

不過，話說回頭，如果台灣不搞法理台獨，則包括中共在內，應當無人會輕試「恐怖平衡」的真實性。這才是本文要說的。

因為，中共也知美方的底線是「一中政策／和平解決」；如果沒法理台獨，中共卻先動手，這將是冒天下之大不韙。因此，喬良認為，中共若貿然對台動手，可能墜入西方的「陷阱」。何況，中共即使在對台軍事上得逞，但事後恐也將面對一個對中國更有敵意也更加不容中國坐大的國際環境，則即使毀了台灣，卻可能自此徹底失去了世界對中國的容忍。

這種風險，不可試探。因此，也許不必將中共領導人看成都是不知深淺的莽漢瘋子。只要沒有法理台獨，或許可大膽想像他們不會把戰爭看成請客吃飯。

但現在的問題是，充耳皆聞大家都說會打仗。美國印太司令戴維森說，中共將在六年內攻台，此因美國必須「料敵從寬」，更要台灣買軍火「自我防衛」。台獨尤強調武統的威脅，用來餵養仇中反中的民粹。藍營警告戰爭，用以反對台獨。中共在內外需求下，姿態更不止於「不承諾放棄使用武力」。亦即，各方皆各有渲染戰爭的需要，但這些其實皆仍在認知戰的範圍，因為各方均未輕估一旦開戰的嚴重後果，所以台海的危險反而不太可能是猛爆性的軍事戰爭，而是已陷入比戰爭更複雜的地緣政治慢性病。

慢性病要用慢性病的治法。就近幾十年的演變來看，好像只有美國的處方「一中政策／和平解決」比較對症，反而兩岸皆「不是急病卻亂投醫」。本文認為，要治這個慢性病，中共必須在武統以外找處方，台灣則必須在台獨以外找處方。

正因武統與台獨的陰魂不散，所以台海的慢性病鬧得好像天天都抱著病危通知。然而，其實武統是最壞的選項，則為何要使武統氛圍牽制兩岸關係？台獨也是不可能的幻想，又為何要讓台獨綁架兩岸關係？

兩岸的慢性病其實不是無藥可醫，但中共若想用武統來醫，台灣若想用台獨來治，武統煽動台獨，台獨煽動武統，藥不對症，反而可能變成不治之症。

中共的想法或許是：反正我的軍力強大，到最後頂多就是用武力收拾台灣。但武統不但是最後的選擇，如前述也是對中共內外風險最大的選擇。既是最壞的選擇，其實就等於不可選擇（請再看一看喬良的文章）。因此，中共須有武統是最後、最壞、最不可採選項的覺悟，才能真正將更大的心智用於尋求其他和平方案。中共心存武統之念，其實是掩耳盜鈴、自欺欺人，也使其他和平方案受到蒙蔽。

再談台獨。民進黨應當絕不敢法理台獨，但奇怪的是，卻偏偏一直「故作台獨狀」，這也是自欺欺人。

民進黨若仍主張「依據中華民國憲法及兩岸人民關係條例」，則為何不維護「九二共識／一中各表」？不接受九二共識，而失去WHA觀察員地位，豈不是求仁得仁？民進黨這種「內殺型台獨」，只在用以餵養反中仇中的民粹氛圍，因而也阻擋了兩岸其他和平方案的存在與發展。民進黨以「不敢真台獨」作繭自縛，又以「故作台獨狀」綁架了台灣。

中共若覺悟武統是非到無可如何的最壞選項，就知道必須努力尋求其他合情合理的和平方案。民進黨若能攬鏡自照「故作台獨狀」的滑稽相，就知「我縱情玩台獨，但中共必須給我和平」也是一種掩耳盜鈴、自欺欺人的一廂情願。

雙方皆勿掩耳盜鈴、自欺欺人。

兩岸關係生病了。武統和台獨皆是藥不對症，任何一帖都可能使慢性病變成猛爆性。但此病亦無藥到病除的特效藥，只能努力使猛爆性的「目的論」（武統及台獨），朝向解熱驅風的「過程論」（一中各表／和平競合）移動。先化解了猛爆性的危機，再談如何培元固本。

這一帖解熱驅風劑就是：「我不台獨／你不消滅中華民國。」此即「過程論」，可以帶病延年。

二〇二一年五月三十日

現在進行式的一個中國

大陸如何維持友善的台灣

習近平說：「塑造可信、可愛、可敬的中國形象。」這就是說，中國形象不夠可信、不夠可愛、不夠可敬。

這是中共今日內外處境的本質性描述，不是大內宣和大外宣能解決的問題。兩岸關係的根本解決，其實也寄託在「中國（共）」必須對台灣建立一個「可信、可愛、可敬」的形象。說到底，就是兩岸必須「心靈契合」，但中共現在沒有能力使台灣心靈契合。

因此，本文認為，中共在當前這個「武統有約束／和統無論述」的大歷史走勢下，中南海對台的目標及企圖必須根本改變。亦即：必須從想要吃掉台灣的企圖（武統？），轉向以「設法維持住一個友善的中華民國」為目標。

「友善的中華民國」最底線的定義是：一、台灣維持中華民國憲法體制。二、中華民國在自主自衛的目的外，不做為第三國敵對中國的工具。這是做得到的，馬英九時代的中華民國即高於此一底線。但前提是中共必須接受中華民國存在的事實。

無論對內對外，中共目前正面臨「兩岸論述」的異化與真空時期，有點青黃不接的味道。

一、對內來說，香港情勢對兩岸關係造成重大衝擊。競選議員或現任議員被DQ，報社CEO、總編輯及主筆被逮捕，民間社團紛紛解散，台灣不要這樣的「一國兩制」。因此，中共已將「一國兩制」從涉台報告下架。論述出現真空。

二、對外來說，除印太聯盟、G7、歐盟「強調台海和平穩定的重要性」外，捷克、匈牙利、斯洛伐克及立陶宛等歐洲中小國家的挺台動作，儼然已有點「鄉村包圍城市」的苗頭。美國國務院發言人普萊斯對立陶宛同意設台灣代表處事件說：「各國都應該決定自身『一個中國』政策的輪廓樣貌，不受外界脅迫，美國就是這麼做。」至此，所謂的「一中政策」已是白馬非馬，定義權已不在中共。論述出現異化。

這或許就是前文所說「大歷史」的內外走勢。

美國的「一中政策」可能操作成「借殼一中政策」（借「一中」之殼的政策）。

民進黨則也在「中華民國台灣」下玩弄「借殼台獨」。中共治不了美國的「借殼一中政策」與民進黨的「借殼台獨」，遂使美中台三邊關係異化、變質。

這個新形勢是：已經沒有「法理台獨」了，美國的「一中政策」也「自身決定樣貌」。而且，在美國、民進黨及台灣民眾間漸成默契。於是，中共屢對美國說「勿向台獨分裂勢力發出錯誤信號」，又屢對民進黨政府說「自食惡果／玩火自焚」，這些都像是對著空氣在詛咒。因為，「法理台獨」不見了，「一中政策」也異化了。

中南海要如何迎對這個兩岸論述的「真空異化」現象？

一、對外而言，中共應重新體認美國所說的「反對任何一方片面改變現狀」。這句話可以解釋為隱含著對台灣說「反對台灣改變中華民國的現狀」。中共應當設法使「一中政策」維持在這個意涵上，不要使之異化為「借殼一中政策」。也就是寧可美國、立陶宛交往的對象是「不改變現狀」的中華民國，而不是「借殼台獨」。

二、對內而言，在九二共識被與一國兩制掛鉤之時，國台辦曾「闢謠」稱：「一國兩制是實現國家統一後的制度安排」，而稱「九二共識（才）是兩岸關係發展的共同政治基礎」。在此，中共已經知道必須將兩岸關係區分為「統一後的安排」與「（未統一的）兩岸關係發展」兩個概念。如今，一國兩制已成殭屍政策。因此，

「未統一」時期的「兩岸關係發展」就顯得更為重要。那麼，在「未統一」前，中共如果不願見借殼台獨趁勢發展，就必須維持中華民國的「現狀」。

中共的戰略目標應在設法使美國及台灣都不要滑出「中華民國」的底線，改變了「現狀」。欲使內外走勢能在中華民國之內定錨，決定於中共如何看中華民國。

中共若能重新面對中華民國，就會使多數台灣人民回到「原真中華民國」，庶免中華民國在「借殼台獨」下異化變質流失。

中共必須在中華民國與台獨之間做一選擇。若說到最徹底及露骨的地步，本文認為，即使是「華獨」也比「殼獨」強。因為，華獨仍可以成為「友善的中華民國」，殼獨則在骨髓裡敵對。這種話中共不想聽，卻是事實。

「統一」已成難題，所以中共十九屆五中全會的兩岸論述稱，「推進兩岸關係和平發展和祖國統一」，顯示已知將「推進兩岸關係和平發展」與「祖國統一」分成兩個概念。而我認為「推進兩岸關係和平發展」的最佳架構，就是汪道涵說的「現在進行式的一個中國」。

其實，在中共對台論述中早已積存了許多此類思想，例如：

一、中共十八大政府工作報告稱：「探討國家尚未統一特殊情況下的兩岸政治關係，做出合情合理的安排。」指出了必須對「統一前」做出「合情合理的政治安排」。

二、中共屢稱：「海峽兩岸雖然尚未統一，但中國主權與領土完整從未分割，大陸和台灣同屬一個中國。」引申其義，就是：「雖然尚未統一，仍是一個中國。」

三、中共亦屢稱：「雙方各自相關規定（憲法體系）符合一中原則。」

這類思想其實可以組織成一個體系。就是：雙方各依憲法體系構成的中華民國與中華人民共和國的分治狀態，雖然尚未統一，仍是一個中國，就是現在進行式的一個中國。

倘係如此，「統一」雖是未來式，也是現在進行式。那麼，統一問題現在就正在時時刻刻地解決之中，而不必等到法理上的統一。因為，一個中國是現在進行式。

一個中國如果是現在進行式，則中華人民共和國若能維持一個友善的中華民國（台灣），相對而言，中華民國亦可維持一個可以和平競合的中華人民共和國（大陸）。這應是兩岸可以相向而行的目標。

說得再徹底、再露骨一些。台獨說要與中國成為兄弟之邦，中共不會接受。那麼，中華人民共和國與中華民國能否在「大屋頂中國」下成為兄弟之邦？

這就是現在進行式的一個中國。倘若不能在法制上，至少可先在相互和平友善的心態上。

畢竟，環視世局，對中共來說，現在沒有任何事情比讓中華民國定錨更重要的了。

二〇二一年八月二十二日

「憲法互證說」
蔡習協力扭轉兩岸困局

本文初稿寫在六個月前，斟酌未發。現在其實是更不宜刊發的時間，卻決定增補時事進度後一吐塊壘。

首先，本文的標題應當改成一個疑問句。亦即：蔡英文與習近平有無可能協力扭轉兩岸困局？

多數人會認為這個問題不可思議，是白日夢。但本文認為，在必要的條件得到滿足之下，不無可能。

這個必要的條件，就是兩人各自調整兩岸政策目標。

習近平已將「一國兩制」四字從兩會涉台報告下架，應可移向「雙方各自相關規定（憲法體系）符合一中原則」，就此直面中華民國存在的事實。蔡英文則忠誠實踐

「依據中華民國憲法（憲法一中）與兩岸人民關係條例（一國兩區）處理兩岸事務（關係）」，停止去中華民國化及去中國化的動作，回到「原真中華民國」。

當中共的「雙方各自相關規定符合一中原則」與蔡英文的「依據中華民國憲法處理兩岸關係」，這兩個「憲法說」（憲法互證說）在大屋頂中國下交集，中華民國就成了定海神針，兩岸困局就有了扭轉的可能性。

習近平如果能影響蔡英文引領民進黨回歸中華民國，及蔡英文若能影響習近平引領中共直面中華民國，皆是歷史偉業，就可扭轉乾坤。問題在二人有無此種膽識與動機？

先談蔡英文。走到今天，蔡英文應是民進黨史上現實功業最高者。黃信介創民進黨，陳水扁毀民進黨，蔡英文則救了民進黨。回顧二〇〇八年蔡英文初掌民進黨時，曾亟力壓制陳水扁與獨派作祟，似有引領民進黨轉型的跡象；但隨著內外情勢的壓擠，她如今已成台獨的囚徒，不由自主地成為台獨的代理孕母。但是，她是否認命？

此時此刻，蔡英文應從阿富汗看清了台美關係靠不住；並應從香港看清了兩岸關係不是決定在台灣街頭及網上的反中仇中運動，而必須有更精緻的生存戰略，台獨太粗糙了。

台獨在蔡英文手裡仍是「內殺型」，而未變成「外擊型」。內殺型台獨使台灣分裂成中華民國與「台灣國」兩個敵對的國家，進而使兩邊的台灣人互視為敵人，這種「民粹內戰」只是內殺，愈內殺，愈分裂，愈內耗，愈無力外擊。

其實，綠營人物歷來想走出台獨的嘗試不絕如縷。繼台灣前途決議文後，如陳水扁的四不一沒有，謝長廷的憲法一中，柯建銘、郭正亮等的凍結台獨黨綱，許信良的中國議會，呂秀蓮的中華邦聯，及施明德、洪奇昌、陳明通曾與蘇起等倡議大一中架構等皆是。

蔡英文不會不知今日「台獨公司」的虛幻。這種台獨，只有市場技巧，沒有政治願景。也當然知道，台灣在兩岸關係中，孫中山的影響超過鄭南榕，三民主義論述強過二二八意識，中華民國強過台獨。因此我認為可以合理猜測，蔡英文無論是為了救自己的歷史定位，或是為了救台灣，甚至是為了救民進黨，如果能回到中華民國，她都應有不能做第三個李登輝（第二個李登輝是陳水扁）的警覺。

再談習近平。武統不但是國恥，也必定引發國難。所以，習近平提出「心靈契合的統一」，這不但是道德上的自我要求，也是現實上的畏天知命。

習近平在兩個一百年及二〇二二連任的承擔下，若不能統一台灣，至少必須能

「維持中華民國不異化變質」，否則兩岸心靈漸行漸遠，逼出一個愈來愈獨的台灣，就是他兩岸政策的失敗。

習近平應知，世變日亟，中共愈來愈不可能武統台灣，卻也愈來愈必須穩住台灣。要穩住台灣，就必須穩住中華民國的憲政運作，再以中華民國憲法來穩固兩岸關係。中共穩不住中華民國，就穩不住內外情勢。兩岸不穩，國際難穩，中共難穩。

略如上述，蔡習二人應當皆有穩定兩岸關係的動機，但看有無膽識。

當下兩岸情勢愈來愈不可收拾。若不能轉彎，就會折斷；若不想折斷，就要轉彎。且兩岸民間的相互仇恨愈演愈熾，由下而上已難化解，因此必須要靠由上而下的力量才可能扭轉乾坤。現在習近平權位穩固，蔡英文亦能支配大局，何況現今國民黨已近滅頂，亦增加了中共與民進黨必須共同面對兩岸博弈的必要性。習蔡二人應當皆具由上而下的力量，因此兩人皆可視為扭轉兩岸困局的可期待人物。

兩岸的僵局緣於中共的「中華民國已經滅亡論」與台獨的「中華民國已經滅亡論」相激相盪甚至相輔相成所致。蔡習兩人若能各自調整兩岸政策目標，就能相互影響，相互成就。

什麼叫做調整政策目標？亦即：習近平不可能要蔡英文此時接受「統一」或「一

國兩制」，但若能使民進黨回到「原真中華民國」，就是歷史偉業。相對而言，蔡英文也絕無可能要習近平接受台獨，但若能使中共進一步接受中華民國存在的事實，這也是歷史偉業。在此，「維持中華民國」可成兩人的交集。

也就是說，中共不消滅中華民國（事實上也消滅不了），台灣不搞台獨（事實上也台獨不了）。雙方必須同步維持中華民國，只有一方不行，這就是交集。

我認為，跡象顯示，這樣的期待不無可能。蔡團隊一再重申「依據中華民國憲法及兩岸人民關係條例處理兩岸事務」。邱太三又說，兩岸重啟談話有必要性和可能性，且形勢上也不適合以這樣的狀態緊繃下去。中共則將「一國兩制」對台下架，並回頭承認九二共識包含台方主張的「對於一個中國的涵義，認知各有不同」。如此，雙方若能相向而行更進一步，就可能在中華民國相遇。

蔡習二人站在如今這個大歷史的關口。蔡應自知，不要變成第三個李登輝，毀了自己，也毀了台灣。習在「武統有約束，和統無論述」下，也應真心誠意思考何謂「心靈契合」，不要將台灣愈逼愈獨，致使中共自身也陷於困境。

看民進黨內的情勢發展，後蔡英文時代若延續為賴清德之輩，民進黨恐怕更無可能從愈陷愈深的台獨自拔。而習近平既能在二〇一五年實現馬習會，顯示他不但有強大的操作能力，在兩岸思考上也有較大的空間。

現今，可能是習近平最希望能穩住中華民國的時刻，也可能是蔡英文跳出台獨作繭自縛的最佳時段。明天，兩岸可能更絕望，因此何不善用今日。

蔡習二人不無相互影響及相互成就的可能性，關鍵在二人皆要同步走出「中華民國已經滅亡論」，進入大屋頂中國的「憲法互證說」。在兩岸關係充溢悲觀的時際，如是我禱。

（本文初稿寫於二〇二一年四月，十月初定稿，本書出版時尚未訂《大屋頂下》專欄刊出日。）

第五部

大屋頂中國與互統一

兩岸現在最重要的事就是：要讓中華民國定錨。

互統一的思想是：現在就是「大屋頂中國」（一中各表／現在進行式的一個中國）；未來也是「大屋頂中國」（共同締造論／互統一）。

若是現在進行式的「一個中國」，也可說就是現在進行式的「統一」。如此，「一個中國」和「統一」就都成了堆積木的「點滴工程」（piecemeal social engineering），都是時時刻刻在成長的有機體。

大屋頂中國下，容得下中華民國與中華人民共和國。現在正是如此，未來也可如此。

中共和台獨皆應放棄「中華民國已經滅亡論」。

開腦洞

拒絕被統一　想像互統一

台灣的兩岸戰略一直陷於兩個體系的糾纏：一、中華民國體系。二、台獨體系。多年糾纏，這兩個體系其實有許多交集。例如傾美，現在只見台獨傾美，但中華民國曾與美國有《共同防禦條約》，連《台灣關係法》亦建立在國民黨執政時期的中華民國。又如對抗中華人民共和國，台獨主張「在家當兵」，中華民國則拚過了古寧頭、八二三，甚至還曾想造原子彈。再如守護台灣的主體性，則「中華民國是主權國家」尚遠較「台灣是一主權獨立的國家」真實可靠。

那麼，兩者的主要差異何在？容本文繞過複雜的演繹，只歸結到一個節點上。就是：台獨主張割斷「中國」，所以在其體系中絕無「統一」的思考。而中華民國則因停留在「中國」的範疇中，所以必須處理「統一」問題。

台獨無統一，刀切豆腐，乾淨俐落。但中華民國卻必須處理「統一」問題，只是愈說愈糊塗，撐不起，也甩不掉。

解嚴後，國民黨執政的中華民國，即使由李登輝主政，在法理上仍保留統一的議題。例如，修憲以「因應國家統一前的需要」為前提，《國統綱領》標舉「三階段統一」，九二會談則主張「共謀統一／一中原則／一中各表」。其間，隨著兩岸情勢變化，「目的論」漸降，「過程論」漸升。跨過陳水扁，到了馬英九的「一中各表」，已是「不統／不獨／不武」。

馬英九主張「任內不談統一」，但畢竟留住了「統一」這個懸浮的概念，只是存而不論。但是，到了習近平「元二談話」，宣示「共謀統一的九二共識」及「和平統一／一國兩制」，九二共識與一國兩制掛鉤；如此一來，遂使統一在台灣無地可容，甚至出現「懼統容獨」的社會氛圍。統消獨長，洞如觀火。

連國民黨也出現內訌，有人甚至主張丟掉「九二共識／一中各表」。經過激盪，國民黨如今停留在「基於中華民國憲法的九二共識」，不再凸出「一中各表」，而有走向「華獨」的傾向。對比之下，馬英九時還說「任內不統」，但現在統一儼然已是國民黨的禁忌語，避之若浼。

但是，若不處理「統一」的議題，前述「中華民國體系」就無以站立，因為脫離了憲法。而「中華民國體系」若不能站立，台獨的氣焰就愈來愈強烈。這就不只是國民黨能否存活的問題，而是一個「完全消滅統一議題」的兩岸關係將如何維繫？

兩岸可以不統一，但不能完全丟掉統一議題。保留了統一議題，雙方至少可將統一做為一種「待處理」的「懸浮議題」，不撕破臉。

卜睿哲說：「台灣不要讓大陸對統一絕望。」這是戰略語言，可謂即是將統一做為「懸浮議題」。

台灣可使統一不易實現，但不必使大陸對統一絕望，這應是台灣以小事大的戰略智慧；此與美國的「一中政策／和平解決」也若合符節，因為這也是「不使大陸絕望」的「懸浮議題」。

因此，若主張「台獨體系」，當然就必須丟掉「統一」。但兩岸關係若要採「中華民國體系」，雙方就要重新處理「統一」議題。台灣不必使大陸對統一絕望；而中共也應知道，一國兩制使台灣對統一絕望。以下，話分中共與台灣兩頭：

先說中共。統一若是一國兩制，以「消滅中華民國」為目標，台灣不能接受，因此就生「懼統容獨」的氛圍。於是，中共的統一新思維，就應從「被（中共）統一」，轉向「（兩岸）互統一」。亦即，放棄「中華民國已經滅亡論」，轉向「共同締造論」、「不消滅中華民國的統一」。

因此，中共對九二共識，也必須回到「求同存異／一中各表」。亦即，朝向「現在進行式的一個中國」移動。因為，沒有了中華民國，也等於在台灣終結了統一議題。惠台讓利都沒有用，唯有「中華民國體系」才能連結兩岸。

再說台灣。在「為因應統一前需要」的中華民國憲法下，應當堅持：「如何統一」必須先於「是否統一」及「何時統一」。反對「被統一」，力爭「互統一」（不消滅中華民國的統一）。也就是，不主張以「台獨體系」來排除統一議題，但堅持必須以「中華民國體系」來處理統一。只要維持「統一公投」的保護手段，中華民國就有了對「如何統一／是否統一」的自主權。

因此，本文認為，以「互統一」做為「懸浮議題」，可以是兩岸新思維。台灣不能在「一國兩制」下「被統一」，不是只為台灣想。倘若台灣落到香港那樣的下場，不啻就是宣告中國永無進入自由民主的可能。這將是整個中國的悲劇，更是人類歷史與文明不可承受之重。

倘若中共真有「共議統一」或「台灣方案」的空間，則「不消滅中華民國」的

「互統一」，即是可以發展的概念。「互統一」的「大屋頂中國」，可以為中華民族保存一個自由民主的念想與蘊蓄；但中共若要消滅中華民國，就是給民族造孽，台灣不答應，「大屋頂中國」也不能答應。

中華民國應當自信，只要能夠堅持「如何統一」及「統一公投」，就不必怕被中共及台獨糾纏於「是否統一」。以戰略眼光操作「互統一」，統一議題反而能成為台灣的自我防衛機制。

台獨與一國兩制，都使統一陷於絕望。因此，出路應是在「大屋頂中國」下探索「互統一」的可能性。你不台獨，我不消滅中華民國。也就是，兩岸都回到「中華民國體系」，這是使兩岸雙方互不絕望的唯一路徑。

最近，大陸涉台智庫也警覺「統一」這個概念在台灣消失，兩岸關係已經質變。若欲在台灣保留「統一」議題，唯一的方法就是導向「互統一」。「互統一」跳脫了「被統一」，存此「懸浮統一」之念，應可防止兩岸關係繼續惡化滑坡，以維持和平競合，並使中華民國免於變質異化流失。

中共說「統一不是誰吃掉誰」，那麼這種「不是誰吃掉誰的統一」，排除了一國兩制，應當就是「互統一」。

如果不用「互統一」這類概念來維持，「統一」議題就很難再存在，那就是絕望。台灣應思考，中華民國曾主張「三民主義統一中國」，正因相信中華民國擁有「如何統一／是否統一」的主體性。反觀中共，中南海許多人現在恐怕也巴望能再聽到中華民國高喊「三民主義統一中國」，因為這顯示台灣對「統一」尚未絕望。

統一，不是你吃掉我，不是我吃掉你，第三條路就是互統一。開腦洞，想想看。

二〇二一年八月一日

再論「互統一」（上）

紅統熄滅　藍統沒落

馬英九主張「不統／不獨／不武」。他說「任內不談統一」，但沒有否定「統一」，可說是「任內不統／存而不論」。

但是，「統一」這個題目現在可謂已經在台灣完全消失了。不論，也不存。主要有兩個原因：①中華人民共和國對台灣沒有說服力。②中華民國在台灣失去支撐力。

先說①。二二八前夕，國共內戰方殷。當時的台灣民間與大陸一樣，隱約有「藍色中國」與「紅色中國」的選擇。謝雪紅等台共與中共人物在二二八中皆有角色。當年，中共在政治道德上的號召力對有些人來說高於國民黨政府，因而二二八後中共的地下組織在台灣出現進展，李登輝就是在此時進入讀書會並加入中共，可證當年台灣民間仍有對「紅色中國」的道德嚮往。

因此，二二八後本土的政治反對活動迅速隱沒，少數台獨也移至海外，除了一九六〇年以雷震《自由中國》為中心的民主運動外，中共潛伏者幾乎成為台灣主要的「政治異議者」，其實就是內戰的延伸。

這些所謂「匪諜」在台灣的現實政治中難有伸展，並在「白色恐怖」中遭到拔除。但到了李登輝及陳水扁至蔡英文主政，轉將這些「白色恐怖受難者」視為台灣民主運動的歷史支柱，給予平反，並發給賠償金，形同譽為「民主鬥士」，此謂「轉型正義」。

七〇年代以前，由於國民黨政府的「大一統」架構，台灣民間對「中國／中國大陸／中華人民共和國／中華民國／台灣」的看法未必一致，但大致上接受（或不能不接受）台灣與大陸皆在「中國」的概念之內。直至一九七〇年的保釣運動，將兩岸「認同衝突」浮上檯面。

保釣運動中的有些台灣人（包括許多真正台灣籍的留美菁英）認為，國民黨政府使「中國」屈辱，唯中共政權能使「中國」強大，甚至出現「回歸／認同」的風潮。當時的中國大陸正在文革，有些回歸者視文革為民主運動及政治正義。

直至中華民國退出聯合國，台灣進入民主狂飆期，在台灣政治反對運動中仍然可見「中國連結」的存在。例如，《夏潮雜誌》是最受矚目的平台，主編蘇慶黎是二二八中共人物蘇新之女，精神領袖陳映真則終身不改其「中國認同」。夏潮的反美反帝、反洋奴買辦（留洋學者）、反殖民加工經濟，現在看來幾乎皆是中共的文革語彙，曾為當年台灣的反對運動注入了有力的精神營養。而當年追隨在夏潮後面的「黨外」，今天已是「美帝」的忠貞隨扈，他們自己也是留洋學人卻不自稱洋奴買辦，也不視台積電為「殖民加工經濟」。往昔的精神標竿夏潮，今已被當年的戰友台獨前身視為異類「統派」。這是後話。

台灣民間政治與「中國連結」的逐漸脫鉤，出現在一九七〇年代中期以後。一方面是因民主反對運動的必然本土化、台獨化；二方面是因退出聯合國後，國民黨政府的「中國論述」發生動搖；三方面，更重要的是因一九七六年毛澤東死及四人幫事件，使台灣人發現中共的實況比國民黨的「宣傳」更恐怖。

近五十年來，這三方面因素相互激盪，於是台灣民間一直到保釣期間及夏潮年代仍然尚存的「中國連結」，就開始愈來愈疏離、消沉且脫鉤了。

在這種趨勢下，進入解嚴後的兩岸互動中，中共又霸占了「中國」的定義權，以中華人民共和國為中國，並操作「中華民國已經滅亡論」。但是，中華人民共和國對台灣並無說服力，極少人贊同「統一」在「中華人民共和國」之下。

中共主張「一國兩制／和平統一」。請問：以香港今日局面訴諸台灣，如何統一？更如何和平統一？

因此，「紅統」熄火，在台灣沒有市場。

再談②。中華民國維持「中國連結」，也保留了統一議題。早年的「反攻復國」就是蔣介石時代主張的「武統」，「建設台灣為三民主義模範省」與後來的「三民主義統一中國」，則可謂「文化統一」或「文統」。

早年不但有「武統」之想，如黑貓中隊、「國光計畫」。亦有「武和」，金門馬祖的坑道、佳山計畫、中科院，及曾經要造原子彈，皆可見至少有「武裝和平自保」的防禦部署。相對而言，民進黨自陳水扁推動募兵制，顯示台獨早無「武獨」之心，並落得蔡英文如今正為「武和」補課。又是題外話。

其實，國民黨主政的中華民國，從武統到文統，有一個「三分軍事／七分政治」的過程。軍事降至三分，顯示兩岸漸失軍事平衡，放棄了「反攻復國」（武統）；政治升到七分，則是轉向「文統」。但至發現「文統」亦難體現，就轉而謀求「和平共存發展」。

李登輝主持的「國家統一委員會」及《國家統一綱領》，即可視為「文統」及「和平共存發展」的複合體。

《國統綱領》主張「共商統一，以建立民主、自由、均富的中國」，這應當是以「三民主義統一中國」為潛台詞，即是「文統」（目的論）。至於將「統一」進程分成「近／中／遠」三階段，則是為「和平共存發展」做安排（過程論）。而且，國統綱領以「建立民主、自由、均富的中國」為目標，但並未說統一後「中國」的國號是什麼，其中大概蘊有「互統一」的思維。

但是，中共當局對《國統綱領》未知珍惜，反而加重對「一個中國」定義的壓迫，欲以「中華人民共和國」為「一個中國」，亦即堅持「中華民國已經滅亡論」，這是一九九二年香港會談幾告破局的原因。

後來，台方力爭「對於一個中國的涵義，認知各有不同」（一中各表），為中華民國在九二共識留了一口氣，這才為兩岸在二〇〇八至二〇一六的「和平發展」創造了條件。

二〇一六年，民進黨蔡英文主政，中共次年宣布「一中各表」為禁忌語。一九年元月二日，習近平談話又將「九二共識」與「一國兩制」掛鉤。「九二共識／一中各表」遂告破滅，致使中華民國連「一中各表」都撐不住，也就是連「和平共存發展」亦失憑藉，遑論在「統一」中存活。情勢急轉直下，遂告大勢去矣。

至此，欲「回歸中華人民共和國」的「紅統」，在台灣沒有市場；主張「三民主義統一中國」的「藍統」，在台灣也趨沒落。那麼，「統一」這個議題在台灣徹底消失，應當只是剛好而已。

中華民國撐不住，「統一」的議題就在台灣消失。

二〇二一年八月八日

再論「互統一」（下）
超越紅統藍統　整合台統陸統

八月八日，本文上篇說，「統一」這個議題在台灣已經消失，出自兩個原因：①中華人民共和國對台灣沒有說服力。②中華民國在台灣失去支撐力。

先說①。「心靈契合的統一」，也許曾是習近平對兩岸未來的追求。但兩岸的現實卻與這種想像速行速遠。多數台灣人與中國「心靈脫鉤」。「統一」亦成禁忌語，甚至稱，統一就是叛國。

主要的原因是，中共始終用一種唯物史觀看待統一。中共認為，中華人民共和國愈來愈富強了。中國富了，所以可以籠絡台灣人民；中國強了，所以可以震懾台灣人民。中國富強了，台灣人民就應當普大喜奔地來共沐中華民族偉大復興。這些皆是唯物論。

「中國」確實是富強了。但是，中共的「黨帝制」和「專政社會主義」都有道德倫理的根本缺陷，違背了人性的本質，亦非文明的方向。這些，都是比「富強」高層次的問題，超越唯物論。

兩岸問題的癥結正在此。不能只靠「富」來解決，也不能只靠「強」來解決。關鍵是在「中國」未來還有沒有可能逐漸體現自由民主，以回應人性的本質，回歸文明的方向？

中共及中國若要在人類文明上更上台階，就必須面對這個問題，而中共及中國能否回應這個問題，當然也影響了兩岸關係的發展。

但是，這是一個大難題，必須等待中共的覺悟與決心，所以需要步驟，更需要時間。因此①中華人民共和國對台灣沒有說服力，就暫時沒有迅速修補的可能性。

於是，就說到②中華民國在台灣失去支撐力。中華民國今天破碎到這個地步，修補很難。但若與①相較，②似仍有一線生機。因此，兩岸若欲修補情勢，可以先修②，續補①。也就是先②後①。

本文上篇提及，欲「回歸中華人民共和國的紅統」在台灣沒有市場，這是①的問題；另，主張「三民主義統一中國的藍統」也趨沒落，這則是②的問題。

關於藍統，早年的「建設台灣為三民主義模範省」，到一九七〇年代的「三民主義統一中國」，至九〇年代的《國統綱領》，皆可謂是藍統，可稱「引領論」。

藍統認為，中華民國源自孫中山及三民主義並印證在今日台灣的民主價值體系，可以增益「中國」及中華民族，因此有一種「引領中國」的自期，至少存有對「中國」及中華民族的參與感與使命感。此中其實存有「心靈契合」的契機，因為仍然面對「中國」及中華民族。

但是，由於前文所述種種，中華人民共和國對台灣愈來愈失說服力（這是①），而中華民國在台灣也愈來愈失支撐力（這是②）。於是，藍統迅速沒落，不但台獨氣焰日熾，連國民黨也向「華獨」靠攏，台灣社會出現了「懼統容獨」的氛圍。

應當注意的是，藍統沒落，當台灣漸已聽不到「三民主義統一中國」之類的豪語，其實是反映了台灣對「參與中國／引領中國」的無力感與失敗感，也顯現了藍統對中共從失望到疏離，這其實是「心靈脫鉤」的表徵。

也就是，哀莫大於心死。

藍統的窘境是，中共仍持「中華民國已經滅亡論」，甚至連「一中各表」也要打壓，並主張一國兩制這種「統一就是要消滅中華民國」的政策，因而中華民國漸漸在台灣失去支撐力。如果連中華民國都撐不住，皮之不存，藍統將焉附？統一將焉附？

藍統沒落，兩岸斷鏈。

因此，若欲使台灣仍能維持「統一」的念想，就必須撐住中華民國。而若欲使「統一」這個概念在中華民國仍能存活，就至少必須爭取以「一中各表」的兩岸默契，在「大屋頂中國」下保全中華民國。唯當中華民國能在「大屋頂中國」中保全了民主自由體制，則中華民國參與「統一」，增益中國，始有意義；但如果「統一」竟是要消滅自由民主的中華民國，這樣的「統一」對中國及中華民族有何價值與正當性？

中華民國當然有理由不答應這樣的統一，「大屋頂中國」也不能答應。

前文說，「修補中華民國在台灣的支撐力」仍有一線生機，是因中華民國本來就存在，也將繼續存在，中共只要續持「兩岸各自相關規定（憲法體系）符合一個中國原則」的既有觀點，亦即將「一中各表」也視為「一中原則」，雙方在「大屋頂中國」下，「互視為不是外國的國家」或「互視為不是外國政府的政府」，兩岸僵局就有了出口。

這絕不是什麼非分之想，以前的東西德及如今的南北韓皆是如此，他們都在「大屋頂」下平等對待對方。

兩岸統一愈來愈難，這是人所共知。但是，「統一」這個概念若在兩岸完全消失，兩岸關係的變數與風險將更不可控。而統一這個概念之所以在台灣快速消失，主要是因「被統一」（紅統）不被接受，從中華民國出發的「藍統」又撐不住。在這種情勢下，若想要維持「統一」的議題，就必須有一個能超越並整合「紅統」與「藍統」的新思維，那就是在「大屋頂中國」下的「互統一」。

確實，兩岸若要統一，唯一的方案就是習近平說的「心靈契合的統一」。而「心靈契合的統一」的唯一方案，應當就是「互統一」。「互統一」的前提就是在「大屋頂中國」下，你不消滅中華民國，我不台獨，兩岸和平競合，至少可使統一的「懸浮概念」不致死滅，並共同努力累積進入「大屋頂中國／互統一」的資源與條件。

在這個過程中，藍統要使創鉅痛深的中華民國回復「參與中國／引領中國」的自信與自期。因為，台獨根本是失敗主義，台灣要因應中共，唯一的活路就是要光榮且勇敢地用中華民國來面對中國，並使局部性的「藍統」漸成多數共識的「台統」。如此，或能在「互統一」的「懸浮概念」中，兩岸和平共存發展。

「紅統」（陸統）則不應放棄朝向增加自由民主的體制發展，這不僅是為了兩岸關係，更是為中共自身好，為全體中國人好。大陸必須警覺，若使藍統（台統）在台灣完全消失，那就是統一絕望之時。

互統一的思想是：兩岸現在就是「大屋頂中國」（一中各表／現在進行式的一個中國），未來也是「大屋頂中國」（共同締造論／互統一）。

互統一可超越紅統與藍統，也可整合台統與陸統。互統一雖也未必能快速促成統一，但至少能使統一議題懸浮不墜，兩岸關係不致斷裂。

否則，如果繼續說紅統的一國兩制，使藍統及台統沒有角色，兩岸就告脫鉤斷鏈。

二〇二一年八月十五日

精心梳理

大屋頂中國思維架構

兩岸問題，已不是「國共內戰問題」，亦不僅是「統獨問題」，也不只是「地緣政治問題」。

兩岸問題攸關十四億人及其後代的未來內涵，因此是全世界、全人類與大文明、大歷史的重大議題。

⬅ 中國及兩岸的未來內涵應當追尋：

自由是人性的本質，民主是文明的方向。

⬅ 兩岸的解決方案應當實現：

為人類文明建立典範，
為兩岸人民創造救贖。

⬅

兩岸關係的兩個基本元件：
①互有連結點。
②各有主體性。

⬅

筷子理論：
兩岸各是一雙筷子中的一支筷子，不能綁在一起，也不能拆離。
在操作中要有合有分，有連結點，也有主體性。

⬅

維持連結點與主體性：
在民主中國中華民國與社會主義中國中華人民共和國之上，有一個「大屋頂中國」。

也就是在二者之上，有一「第三概念」或「上位概念」的「中國大屋頂」。

這就有了連結點，也有了主體性。

⬅就中國現代史的轉折而言：

兩岸問題的實質，應當是「辛亥革命遺留」，而非「國共內戰遺留」。因為，國共內戰並未解答辛亥革命遺留的國家內涵課題。

⬅中華民國已經民主化，國民黨兩度成為在野黨。因此，「國共內戰」已沒有存在的理由。

兩岸「交戰政府」，應當轉為「分治政府」。

⬅蔣經國的解嚴與開放兩岸交流，決定了化解兩岸問題的基本架構。就是：兩岸解方不能繞過中華民國的民主機制。因為：

①民主不可能選擇凶險的台獨。

②民主也不可能接受違反民意的統一方案。

➡ 基於中華民國憲法及兩岸戰略博弈，中華民國不能迴避統一議題，必須處理統一議題。

處理的主要機制是：統一公投。

➡ 台獨公投：在擇定的時間，主動發動台獨公投，建立台灣國。

統一公投：在情勢推移中，若統一議題出現條件，被動回應以統一公投。

➡ 台獨公投具攻擊性，不可能實施。

統一公投則有防禦性，是以民主來保衛人民的選擇。

若不能台獨公投，就更應有統一公投。事關中華民國的安全。

統一公投掌握民意的主體性，是台灣在兩岸關係上進退攻守皆具的機制。

中共若寄希望於台灣人民、追求「心靈契合的和平統一」，就應當尊重統一公投。

兩岸對統一公投的相互理解與尊重，使兩岸不致脫鉤，維持和平競合。

⬅台獨有兩個面向：

①外擊型台獨：對抗中華人民共和國，對抗國際的「一中政策」。

②內殺型台獨：推翻中華民國，在選舉中分裂台灣社會，並在綠營及民進黨內部用於路線及權力鬥爭。

結果：外擊型台獨沒有用，而內殺型台獨殺不死中華民國，但撕裂了台灣社會，綁架了民進黨，也挾持了台灣。

中華民國重傷，台灣國無望。兩頭落空。

⬅台獨理論建立在革命者與反對者的視角上，當民進黨成為執政者及當權者，台獨就難以為繼。

台獨出現彼得原理。

台獨是反對者的玩具，中華民國是執政者的責任。

⬅做為一種意識形態，台獨是可以理解的。

但是，在兩岸關係中，台獨不可能成為一個國家層次的生存戰略。
意識形態與國家生存戰略是兩回事。

⬅

杯子理論：
台灣是水，中華民國是杯；杯在水在，杯破水覆。
杯子理論對紅綠藍三方都適用。

⬅

中國未來問題的核心在於中共的自我救贖能否成功。
中共自我救贖成功，中華民族偉大復興有望。
中共自我救贖失敗，中華民族偉大復興亦無可能。

⬅

中共的「黨帝制」有其「體制優勢」，治理成績亦甚明顯。但這種體制，長期而言，不能解決「專制紅利」與「民主負債」間的矛盾關係，也許可強可富，但不可能成為偉大的國家及民族。

➡中共四十餘年來「改革開放」的治理績效可以肯定，但仍有為山九仞、更上層樓的空間，這個一簣之功即在「足食，足兵，民主之矣。」

➡中共不可能現在就給自由民主。但是，即使現在沒有，也不能現在就說永遠沒有。要將希望留給未來。

➡十四億人口的大國與強國，如果永遠實施低人權、低民主的黨帝制，對於人類文明將是嚴重威脅。

➡社會主義與民主政治並非水火不容。北歐即是。「要經濟發展，就不能有民主政治」，是說不通的。

➡在先進的社會福利國家，人民不僅享有財富再分配的優厚的「經濟福利」，也同時擁有人權法治自由民主的「政治福利」。

- 中國的未來，應回歸人性的本質與文明的方向。

- 中共不要返祖馬克思、毛澤東路線，那是一條死胡同，回頭不是岸。

  鄧小平的「中國特色的社會主義」，是一只開口的袋子，可以掏出掏進，進出自如，始為中國的生路。

  不要用馬克思、毛澤東為中共及中國畫線及封頂，應繼續以「中國特色社會主義」打開出路。

- 先追求「中共的自我救贖」，才有可能實現「中華民族的偉大復興」。

  忘掉武統。武統是國恥，也是國難。

  不可武統，兩岸只能和平競合。

- 中共對兩岸的「三論四統」皆告擱淺，必須重建其兩岸大論述。

中共兩岸論述的最大敗筆是在「中華民國已經滅亡論」。其最大的效應是成了台獨的OEM代工者。

兩岸困局的癥結，在中共的「中華民國已經滅亡論」與台獨的「中華民國已經滅亡論」相激相盪、相輔相成所致。

法理台獨已無可能。台灣問題的實質是「借殼台獨／去中華民國化」愈演愈熾。所謂「借殼台獨」就是不敢也不能台獨，但一直鬧台獨。

現況是：民進黨操作「借殼台獨」，在「中華民國」的殼下，玩盡台獨；美國操作「借殼一中政策」，在「一中政策」的殼下，在政治及軍事上，將台灣培養成一隻仇中反中的「豪豬」，但又不支持台獨。

「豪豬戰略」就是「最後還是沒有用」的同義詞。莫說兩岸軍力的絕對懸殊，台灣連國家認同也分歧撕裂，如何應戰？

蔡政府正進入軍備競賽，並展示將打到一兵一卒的決心。

樹上十隻鳥，獵人開槍打掉一隻，樹上還有幾隻？

若說還有九隻，可以打到最後一兵一卒，那是自欺欺人。

不搞台獨，就是最佳的國防。堅持中華民國，就是最佳的國防。

在世局及兩岸各自內部皆生丕變之際，中共在兩岸政策上面臨「武統有約束，和統無論述」的困境。

這樣的情勢預示：「統一」遙遙無期，兩岸「統一前」或「非統一」的狀態勢必延長。

因此，對中共言，如何處理「未統一」或「統一前」的長期問題，遠比奢望「統一」更為現實及緊迫。

➡「統一前」最重要的工作，就是要維持「原真中華民國」，不使異化、變質、掏空、流失。

➡解決「如何統一」的問題，一定先於「是否統一」。

➡「心靈契合的統一」是一個基本概念。

➡在「你不吃掉我，我不吃掉你」的思維下，鄧小平發明了「一國兩制」。今因香港風潮，「一國兩制」已對台下架。但是，「你不吃掉我，我不吃掉你」仍應是兩岸解方的核心思維。

➡「被統一」，就是「誰吃掉誰」。「互統一」就是「誰也不吃掉誰」。

兩岸解方，應當建立在「你不吃掉中華民國，我不台獨」的共同政治基礎上。可稱「兩不路線」。

「九二共識」三元素：「共謀統一／一中原則／一中各表」。

沒有「一中各表」，就沒有「九二共識」。

「一中各表」也可以說成「兩岸各表或同表大屋頂中國」。

「互統一」就是「不消滅中華民國的統一」。

中華民國是中國五千年來唯一實現的民主政體，若將之消滅，將是中華民族共同的恥辱與罪孽。

維護中華民國，就是要維護中華民族對自由民主的憧憬於不墜。

互統一的思想是：兩岸現在就是「大屋頂中國」（一中各表／現在進行式的一個中國），未來也是「大屋頂中國」（共同締造論／互統一）。

亦即，從現在的「大屋頂中國」，走向未來的「大屋頂中國」。

⬅「互統一」不易實現，但只要保留「互統一」的「懸浮議題」，就有益兩岸和平競合。

⬅互統一，有連結點，也有主體性。

⬅《和平協議》是可能的中程方案。

⬅面對兩岸，中華民國必須重建被內殺型台獨摧毀的自尊與自信。

中華民國的傳承是指向「人性的本質」與「文明的方向」的，足以「引領中國／示範中國」。

台灣不宜在國際博弈中成為「台獨堡壘」，而應在兩岸互動中成為「民主燈塔」。

因為，中華民國，愈「中華」，「民國」愈有力量。

⬅兩岸若要化解困局，中共與台獨皆要走出「中華民國滅亡論」，將兩岸關係定錨在中華民國。

⬅而且要雙方同時走出，不可能只主張對方走出。

⬅兩岸探戈，不要玩過肩摔。

⬅為世界文明建立典範，為中華民族創造救贖。

⬅大屋頂中國下，容得下中華民國與中華人民共和國。現在正是如此，未來也可以如此。

⬅大屋頂中國思維的祈願：我是一粒沙，給你作成塔。

社會人文 BGB517

希望習近平看到此書

化解兩岸困局

國家圖書館出版品預行編目（CIP）資料

希望習近平看到此書：化解兩岸困局／黃年著.
-- 第一版. -- 臺北市：遠見天下文化, 2022.1
352 面；14.8×21 公分. --（社會人文；BGB517）
ISBN 978-986-525-344-8（平裝）

1. 兩岸關係　2. 言論集

573.09　　110017092

作者 — 黃年

總編輯 — 吳佩穎
責任編輯 — 張彤華
校對 — 凌午（特約）
美術設計 — 張議文
內頁排版 — 張靜怡、楊仕堯（特約）

出版者 — 遠見天下文化出版股份有限公司
創辦人 — 高希均、王力行
遠見・天下文化 事業群董事長 — 高希均
事業群發行人／CEO — 王力行
天下文化社長 — 林天來
天下文化總經理 — 林芳燕
國際事務開發部兼版權中心總監 — 潘欣
法律顧問 — 理律法律事務所陳長文律師
著作權顧問 — 魏啟翔律師
地址 — 台北市 104 松江路 93 巷 1 號 2 樓
讀者服務專線 — (02) 2662-0012 ｜傳真 — (02) 2662-0007；(02) 2662-0009
電子郵件信箱 — cwpc@cwgv.com.tw
直接郵撥帳號 — 1326703-6 號　遠見天下文化出版股份有限公司

製版廠 — 東豪印刷事業有限公司
印刷廠 — 立龍藝術印刷股份有限公司
裝訂廠 — 聿成裝訂股份有限公司
登記證 — 局版台業字第 2517 號
總經銷 — 大和書報圖書股份有限公司 電話／ (02) 8990-2588
出版日期 — 2021 年 11 月 16 日第一版第 2 次印行

定價 — NT 480 元
ISBN — 978-986-525-344-8
EISBN — 9789865253509 (EPUB)；9789865253493 (PDF)
書號 — BGB517
天下文化官網 — bookzone.cwgv.com.tw

天下文化

BELIEVE IN READING